Conhecer a FÉ que professamos

Dados Internacionais de Catalogação na Publicação (CIP)
(Câmara Brasileira do Livro, SP, Brasil)

Paro, Thiago Ap. Faccini
  Conhecer a fé que professamos / Pe. Thiago Faccini Paro. – Petrópolis, RJ : Vozes, 2017.

  Bibliografia.

  5ª reimpressão, 2024.

  ISBN 978-85-326-5507-3

  1. Catolicismo 2. Deus (Cristianismo) – 3. Fé 4. Mistério 5. Vida cristã I. Título.

17-04767   CDD-230

Índices para catálogo sistemático:
1. Fé : Cristãos católicos : Teologia : Cristianismo 230

Pe. Thiago Faccini Paro

Conhecer a FÉ que professamos

EDITORA VOZES

Petrópolis

© 2017, Editora Vozes Ltda.
Rua Frei Luís, 100
25689-900 Petrópolis, RJ
www.vozes.com.br
Brasil

Todos os direitos reservados. Nenhuma parte desta obra poderá ser reproduzida ou transmitida por qualquer forma e/ou quaisquer meios (eletrônico ou mecânico, incluindo fotocópia e gravação) ou arquivada em qualquer sistema ou banco de dados sem permissão escrita da editora.

CONSELHO EDITORIAL

Diretor
Volney J. Berkenbrock

Editores
Aline dos Santos Carneiro
Edrian Josué Pasini
Marilac Loraine Oleniki
Welder Lancieri Marchini

Conselheiros
Elói Dionísio Piva
Francisco Morás
Gilberto Gonçalves Garcia
Ludovico Garmus
Teobaldo Heidemann

Secretário executivo
Leonardo A.R.T. dos Santos

PRODUÇÃO EDITORIAL

Aline L.R. de Barros
Jailson Scota
Marcelo Telles
Mirela de Oliveira
Natália França
Otaviano M. Cunha
Priscilla A.F. Alves
Rafael de Oliveira
Samuel Rezende
Vanessa Luz
Verônica M. Guedes

Diagramação: Victor Mauricio Bello
Revisão gráfica: Francine Porfírio
Capa: WM design
Ilustração de capa: Marcelo Molinero

ISBN 978-85-326-5507-3

Este livro foi composto e impresso pela Editora Vozes Ltda.

SUMÁRIO

Apresentação, 7

Introdução, 9

CAPÍTULO I   – A criação: obra perfeita de Deus, 11

CAPÍTULO II   – Deus se revela na história, 21

CAPÍTULO III – Deus nos resgata da morte, 29

CAPÍTULO IV   – Eis o mistério da fé!, 37

CAPÍTULO V   – A dimensão maternal da Igreja, 53

CAPÍTULO VI   – Caminhar na fé entre altos e baixos, 61

CAPÍTULO VII – A vida sem fim, 69

Conclusão, 75

Referências, 77

Apresentação

Uma pergunta acompanha os que na Igreja desempenham uma responsabilidade pastoral ou que, movidos por grande amor, anunciam a Palavra aos irmãos e às irmãs: como propor a mensagem de Deus e os ensinamentos da vida cristã numa linguagem adequada? Antes, quais os assuntos essenciais a serem propostos?

Nossa época exige sempre mais que se digam palavras e articulem propostas de forma essencial, profunda e motivada. As pessoas, hoje em dia, tornaram-se mais suspeitosas, críticas e até desconfiadas diante de quaisquer propostas religiosas, sobretudo das mensagens da Igreja Católica. Aceitam-se, às vezes com maior disponibilidade, ideias superficiais e polêmicas, mas se aumenta o rigor para com os conteúdos da longa Tradição da Igreja Católica; conteúdos recebidos dos séculos passados e precisamente amadurecidos por mentes e corações eminentes. Os autores, a quem o filósofo francês Paul Ricoeur chamava de "mestres da suspeita" referindo-se a Marx, Freud e Nietzsche, aos poucos, foram gerando, com suas críticas contundentes, certa suspeita em tudo e em todos. Assim, toda reflexão e proposta de fé foram colocadas à dura prova da análise e da averiguação.

Por isso, é urgente definir os conteúdos essenciais da fé cristã e encontrar linguagem apropriada para um renovado anúncio de suas verdades. Novos "areópagos" esperam o anúncio da Bela Notícia de Jesus, ecoando em palavras adequadas. Também os que frequentam rotineiramente as igrejas precisam conhecer melhor, para amar mais, aquela fé que receberam, talvez de forma não suficiente.

O texto do jovem padre Thiago, que apresentamos com muito prazer, pretende vir ao encontro dessas exigências. Trata-se de sete temas propostos, de forma simples e essencial, mas não superficial, para ajudar quem, por sua conta ou em grupo, queira ter uma visão mais sólida e completa do que no Credo professamos. Também os catequistas que cuidam da catequese para adultos encontram temas para realizar sua delicada missão. Escreve o autor desejar "transmitir com autenticidade e coragem [...] as verdades de sempre".

Por isso, ele trata dos assuntos da criação, de Deus que se revela, de Deus que nos resgata da morte. No ponto central, encontra-se o tema da Eucaristia, *mistério da fé*, e, ainda, da Igreja, "esposa de Cristo"; reflete-se sobre as exigências e dificuldades para "caminhar na fé, entre altos e baixos"; termina propondo o tema da "vida sem fim".

Pode-se ver como, em poucas e ágeis páginas, encontram-se os "conceitos essenciais para a vivência da fé". A finalidade de tudo, observa o autor, é que os cristãos se tornem sempre mais conscientes de sua fé e sejam "discípulos missionários" do Senhor no testemunho consciente e coerente dela.

Não nos resta senão agradecer ao padre Thiago por mais um esforço para colocar em nossas mãos este útil instrumento. Poderá favorecer o trabalho de evangelização por parte de tantos, e não só de leigos e leigas que realizam encontros de formação em nossas comunidades, sobretudo de pais e padrinhos na ocasião do batismo de filhos e afilhados e nos encontros com os pais cujos filhos estão na catequese.

É meu desejo que estas páginas favoreçam o amadurecimento na fé de tantos irmãos e irmãs que não têm muito tempo para leituras mais amplas, mas que procuram o "essencial" da fé. Todos se tornem, desse modo, prontos a dar razão da esperança (cf. 1Pd 3,15) que nós, cristãos, recebemos e somos chamados a testemunhar.

Dom Armando Bucciol
Bispo de Livramento de Nossa Senhora – BA
Presidente da Comissão Episcopal Pastoral para a Liturgia

Introdução

> "O que nós ouvimos, o que aprendemos,
> o que nossos pais nos contaram, não ocultaremos a nossos filhos;
> mas vamos contar à geração seguinte as glórias do Senhor,
> o seu poder e as obras grandiosas que Ele realizou." (Sl 78,3-4)

Com este versículo bíblico iniciamos o livro recordando uma antiga prática do povo judeu que, todos os anos, após a saída da escravidão do Egito, ao celebrar a Páscoa, transmite às gerações futuras a fé por ele professada. Durante a liturgia da noite da Páscoa judaica, o filho mais novo pergunta ao pai ou ao ancião o porquê daquele evento, e o pai, com zelo, carinho e paciência, conta toda a história da saída do Egito até a chegada à Terra Prometida, onde corre leite e mel. Com isso, a fé é preservada, vivida, celebrada e perpetuada de pai para filho, de geração em geração.

Nós, cristãos, também temos essa prática: transmitimos a fé aos nossos filhos, os levamos até a Igreja para a catequese e os sacramentos. Porém, a Igreja, ao longo da história, "perdeu" em certas práticas a centralidade do Mistério de Cristo e deixou de transmitir as verdades básicas e fundamentais da fé cristã, resultando em uma fé apegada ao devocionalismo em muitos casos. Perdemos, com isso, nossos alicerces e raízes...

O presente livro de forma alguma quer ser referência científico-teológica, mas uma maneira de resgatar e refletir, de forma didática, as verdades fundamentais de nossa fé, visando oferecer melhor entendimento sobre o mistério que em cada liturgia celebramos e do qual fazemos memória. Nesta perspectiva, consideramos o que já escrevia Tertuliano (160-220), autor das primeiras fases do cristianismo: "CRISTÃO NÃO SE NASCE, TORNA-SE". Nesse sentido, é necessário transmitir com corajosa autenticidade a nossa fé e fazer com que, de fato, nossos filhos e filhas se tornem verdadeiros e fervorosos cristãos, seguindo e testemunhando Jesus Cristo em sua Igreja.

Capítulo I

A criação:
obra perfeita de Deus

Quem nunca caminhou num campo admirando a beleza da natureza, as grandes árvores e flores, o canto dos pássaros...? Mais ainda poderá nos impressionar se tivermos a oportunidade de viajar e conhecer a riqueza das diversas culturas e costumes dos povos espalhados pelos quatro cantos do mundo. O conhecimento e a contemplação dessas maravilhas muito poderão levar a perguntar: como tudo isso surgiu? A perfeição das cores... as formas... os sons...

Há muito tempo, o homem pergunta como ocorreu seu surgimento, como tudo foi criado. A busca pela compreensão de como se originou o universo e tudo o que nele existe proporcionou, e ainda proporciona, várias discussões, pesquisas e teorias. Desde os tempos mais remotos, muitas teorias surgiram gerando grandes polêmicas, envolvendo conceitos religiosos, filosóficos e científicos. Quem nunca ouviu falar do Big Bang, a teoria da grande expansão, ou ainda de Charles Darwin e sua teoria da evolução das espécies?

Para o homem de fé, existe uma explicação muito mais antiga e muito mais aceita: o universo e tudo que nele existe são obras criadoras de Deus. Fé esta já relatada no primeiro livro da Bíblia e transmitida de geração em geração até nossos dias. Mas será que o mundo foi criado do jeitinho como nos relata o livro de Gênesis? Com certeza, não! Se prestarmos atenção, este livro apresenta dois relatos da história da criação: o primeiro encontra-se em Gn 1,1-2,4a e o segundo em Gn 2,4b-25.

> Agora, faço um convite para dar uma pausa, pegar sua Bíblia e ler as passagens indicadas, observando a diferença entre os dois relatos da criação.

Muitas interrogações certamente vieram à sua mente ao ler os dois primeiros capítulos do livro de Gênesis e perceber certa contradição entre uma história e outra... Em uma, Deus cria o homem pela Palavra: "Façamos o ser humano à nossa imagem e segundo nossa semelhança" (Gn 1,26). Em outra, o homem é criado do pó da terra e Deus lhe dá vida pelo sopro em suas narinas. Mas, afinal, o mundo foi criado em sete dias ou em apenas um? Adão e Eva foram criados de que forma? Do barro? Sim, são muitas as dúvidas que surgem, mas calma, devagar vamos desvendar as maravilhas escondidas em cada um destes textos.

Primeiramente, é preciso saber que em nenhum momento a Bíblia pretende dar uma descrição científica à origem do mundo. A Bíblia não é um livro de Ciência nem sequer de História, de modo que não se pode levar tudo ao pé da letra, ou seja, interpretá-la de maneira literal. A Bíblia utiliza uma linguagem figurada ou alegórica para transmitir sua mensagem. Então, o que está escrito nela é mentira? Não, não é mentira, mas através de uma alegoria se transmite uma verdade: Deus é o autor de tudo o que existe! Sem preocupações científicas, o autor sagrado ensina as verdades fundamentais da fé.

No primeiro relato da criação, Deus cria o universo, o homem e a mulher através da Palavra: "Faça-se!". **No segundo relato**, como um oleiro, Deus modela o homem do barro e lhe dá a vida com um sopro em suas narinas. São duas versões escritas em épocas diferentes e redigidas como introdução para a história do povo de Israel, origem do povo judeu, do qual nasceu Jesus Cristo e posteriormente o cristianismo. Os dois relatos são escritos dentro de um contexto da história, quando o povo hebreu havia sido levado para o exílio, para longe da sua terra natal, longe da sua cultura... Os hebreus são instalados numa terra pagã, politeísta, onde se acreditava em vários deuses: deus do sol, deusa da terra, deus da fertilidade... Este choque de cultura faz os anciões escreverem alguns livros (que depois constituiriam parte da Bíblia) para que a sua fé, até então transmitida oralmente de pai para filho, não se perdesse.

Os relatos da criação nascem como instrumentos para transmitir e perpetuar a fé do povo de Israel. Mais que uma história, queria-se transmitir uma mensagem para afirmar que tudo o que o povo pagão cultuava como deus, o povo hebreu sabia ser criação do único e verdadeiro Deus: Javé!

O primeiro relato da criação tem o sentido de ensinar aos descendentes, aos filhos que nasceram no ambiente do exílio, que Deus é o autor de tudo. A história construída na estrutura de uma semana, sete dias, é fruto da observação da vida cotidiana do povo e da sua relação com Deus. O descansar de Deus, descrito no livro, quer ensinar a observância do sábado (seis dias trabalhou e, no sétimo, descansou), como também todo judeu deve fazer. Deus não precisa descansar, e no tempo Dele não existe calendário: mil anos para o Senhor é como um dia, e um dia é para o Senhor como mil anos (cf. 2 Pd 3,8). Para Deus, não existe tempo nem espaço... Adão e Eva aqui não são um casal apenas, um homem e uma mulher, mas representam a humanidade, todos os homens e mulheres criados à imagem e semelhança de Deus. Sendo assim, mais que dizer como o mundo foi criado, as duas versões transmitem uma verdade: Deus é o criador de tudo. Ao autor sagrado, a preocupação não está no modo como o mundo foi criado.

Neste sentido, fé e razão podem dialogar em perfeita sintonia. O mundo pode ter surgido a partir de uma grande explosão, como sugere a teoria do Big Bang? Pode sim! Pois, para algo explodir, é necessário que "alguém" acenda o pavio. Nós, cristãos, não temos dúvida de que foi Deus. Ou ainda sobre a teoria de Darwin, que defende a evolução das espécies, para algo evoluir, precisa existir uma célula que seja... Para nós, o criador é Deus, que na sua infinita onipotência previu e planejou cada uma destas coisas e pôs na matéria essa força de expansão.

Mas o que estas duas histórias da criação têm mais a nos dizer?

Depois desta breve introdução, podemos interpretá-las de diversas formas e enriquecer nossa alma e coração. Por trás da alegoria e da linguagem simbólica, encontramos muitas verdades. Farei uma interpretação pessoal, que a mim muito ajuda a entender e compreender todo o projeto de salvação que Deus tem para cada um de nós.

Deus cria Adão e Eva, o homem e a mulher, símbolos da humanidade, e lhes dá toda a criação para que dela desfrutem, cuidem e a preservem. E, num belo dia, Eva é tentada pela serpente a comer do fruto de uma das árvores que estavam no centro do jardim, das quais Deus havia ordenado para nunca experimentarem. Quantas e quais eram essas árvores? Eram duas: a árvore da vida e a árvore do conhecimento do bem e do mal. Eva se deixa seduzir e come do fruto do conhecimento e, além de fazê-lo, oferece-o para Adão. Os dois então descobrem que estão nus, sentem vergonha e se escondem. Deus Pai procura por eles.

Costumo dizer que Deus é igual às mães, que ficam acordadas esperando os filhos voltarem para casa quando saem para alguma festa. Só quando uma mãe escuta seu filho chegar é que consegue dormir tranquila. E, no outro dia, quando o filho acorda às 14 horas, vem lhe dizer: "Boa tarde, filho, a mamãe nem viu você chegar... A que horas chegou?". Ela sabe o horário, porém quer ouvir a resposta dele... Assim é Deus, Ele sabia que Adão e Eva tinham comido do fruto da árvore do conhecimento do bem e do mal, mas, mesmo assim, lhes dá uma chance de saírem do esconderijo e reconhecerem o erro.

"Onde estás?", pergunta Deus. E Adão responde: "Ouvi teus passos no jardim. Fiquei com medo porque estava nu, e me escondi". Deus indaga: "E quem te disse que estavas nu? Então comestes da árvore, de cujo fruto te proibi comer?" (Gn 3,9-11). E a resposta de Adão não poderia ter sido pior: "A mulher que me deste por companheira, foi ela que me fez provar do fruto da árvore, e eu comi" (Gn 3,12). Adão, além de não assumir o seu erro, ainda culpa a mulher e consequentemente o próprio Deus: "A mulher que me deste por companheira". E a mulher culpa a serpente... Talvez aqui esteja o maior pecado da humanidade: não acreditar na bondade e misericórdia de Deus, não aceitar o seu **amor**. Deus sabia que tinham pecado, que tinham errado, e se Adão e Eva tivessem assumido a culpa, reconhecido seu erro, Deus os teria perdoado. O pecado que os fez sair do paraíso, portanto, não foi o de ter comido o fruto, mas de não terem reconhecido sua responsabilidade. Se não se admite a culpa, não pode haver arrependimento.

Na sua infinita bondade, Deus tece vestes com pele de animais e cobre Adão e Eva: "E o Senhor Deus fez para Adão e sua mulher túnicas de pele e os vestiu" (Gn 3,21). É importante prestarmos atenção nisso, pois o que está no imaginário de muitos de nós é que Deus expulsou Adão e Eva do paraíso como castigo. Muito comumente vemos quadros de Adão e Eva retratados nus, seus rostos tristes. No entanto, a delicadeza e o cuidado de Deus são grandes, a ponto de os vestir antes de os fazer saírem do Éden. Deus não os expulsou, mas por que os fez sair do Jardim? A resposta: para preservá-los da morte eterna. Diz uma tradição oriental que, estando em pecado, não assumindo a culpa, Adão e Eva poderiam também comer do fruto da outra árvore, a árvore da vida, e isso os aniquilaria, ou seja, eternizaria "a morte", o erro, o pecado. Deus, então, os fez saírem para preservá-los, protegê-los, para que pudesse reconduzi-los de volta ao paraíso no tempo oportuno.

> **P**aremos um pouco e reflitamos sobre a realidade da sociedade e do mundo em que vivemos...

Como é fácil culpar os outros, como é difícil assumir os próprios erros. O Papa Francisco talvez tenha sido profético ao ter convocado o Ano Santo da Misericórdia em 2016, convidando-nos a perdoar mais, a apontar menos o dedo acusatório... Assim, talvez tenhamos mais coragem de assumir quem nós somos e, reconhecendo nossas limitações e fragilidades, buscar tornar-nos melhores a cada dia. Não tenhamos medo de assumir que somos pecadores. A bondade de Deus é muito maior. Acredito ser esse o primeiro passo a ser dado no caminho de volta ao jardim da vida eterna.

Uma tradição oriental não registrada no livro de Gênesis dá continuidade a essa história, contando que Adão e Eva, ao saírem do Jardim do Éden, tiveram que trabalhar para sobreviver e experimentaram os desafios e as limitações de nosso pobre corpo mortal. Com o passar do tempo, a idade e as doenças chegaram, e o homem começou a morrer. Lembremos que o distanciar-se de Deus pelo pecado gera a morte. Prevendo a proximidade de seus últimos dias, Adão envia Set, um de seus filhos, até as portas do Jardim para interceder por ele; para pedir que Miguel, arcanjo que guardava a porta do paraíso, lhe desse o fruto da árvore da vida. E mais uma vez, no seu infinito amor, Deus se compadece. Entrega a Set algumas sementes para serem colocadas na boca de Adão quando adormecesse no sono da morte. Ele volta correndo ao encontro do pai, que ao ver as sementes reaviva a esperança de um dia poder retornar ao paraíso. Adão morre e é sepultado numa montanha, tendo as sementes em sua boca.

> Set era o terceiro filho de Adão e Eva, nascido após a morte de Abel e Eva. Acredita-se que fora designado por Deus para estabelecer uma nova descendência, em substituição a Abel, morto por Caim. Set é indicado como justo pela teologia judaico-cristã, em contraposto com Caim, sendo chamado de *ancestral de todas as gerações dos justos*.

Ainda, essa tradição oriental diz que destas sementes cresceram inúmeras árvores. Delas saiu o madeiro para a Arca de Noé, a lenha para o sacrifício de Isaac, o cajado de Moisés, a Arca da Aliança, a manjedoura de Jesus e, por fim, da última árvore, o madeiro para a **cruz** de Jesus Cristo. Essa lenda quer evidenciar que Deus sempre teve um plano de amor e de salvação para o ser humano. Deus é paciente e, ao longo da história, se revelou à humanidade, deu-lhe profetas, reis e sacerdotes para conduzi-la. No tempo oportuno, enviou seu próprio Filho para salvá-la.

A história, preservada pela tradição, também nos conta que um grande tremor foi sentido no momento da crucificação e morte de Jesus. O monte onde foi crucificado se partiu, rachou ao meio e o seu sangue escorreu, molhando os corpos ali sepultados. Sim, o monte Calvário (que significa "o lugar da caveira", cf. Mt 27,33) foi o lugar da crucifixão e também onde eram sepultados os corpos... A tradição nos conta que, neste mesmo monte, estavam sepultados Adão e Eva. No momento do tremor, o próprio Jesus desce e vai ao encontro dos nossos primeiros pais. A iconografia bizantina da anástasis traduz com clareza este instante. Anástasis é uma palavra grega que significa "ressurreição". O ícone da anástasis reproduz a doutrina do levantar, do acordar de Adão e Eva pelo próprio Cristo que desce à mansão dos mortos e quebra suas portas.

O texto belíssimo de uma homilia do século IV descreve o diálogo que poderia ter acontecido entre Adão e Jesus, no momento de sua descida à mansão dos mortos. Apresentamos a seguir o texto desta antiga homilia, feita num Sábado Santo.

Que está acontecendo hoje? Um grande silêncio reina sobre a terra. Um grande silêncio e uma grande solidão. Um grande silêncio, porque o Rei está dormindo; a terra estremeceu e ficou silenciosa, porque o Deus feito homem adormeceu e acordou os que dormiam há séculos. Deus morreu na carne e despertou a mansão dos mortos.

Ele vai antes de tudo à procura de Adão, nosso primeiro pai, a ovelha perdida. Faz questão de visitar os que estão mergulhados nas trevas e na sombra da morte. Deus e seu Filho vão ao encontro de Adão e Eva cativos, agora libertos dos sofrimentos.

O Senhor entrou onde eles estavam, levando em suas mãos a arma da cruz vitoriosa. Quando Adão, nosso primeiro pai, o viu, exclamou para todos os demais, batendo no peito e cheio de admiração: "O meu Senhor está no meio de nós". E Cristo respondeu a Adão: "E com teu espírito". E tomando-o pela mão, disse: "Acorda, tu que dormes, levanta-te dentre os mortos, e Cristo te iluminará".

"Eu sou o teu Deus, que por tua causa me tornei teu filho; por ti e por aqueles que nasceram de ti, agora digo e, com todo o meu poder, ordeno aos que estavam na prisão: 'Sai!'; e aos que jaziam nas trevas: 'Vinde para a luz!'; e aos entorpecidos: 'Levantai-vos!'

Eu te ordeno: Acorda, tu que dormes, porque não te criei para permaneceres na mansão dos mortos. Levanta-te, obra das minhas mãos; levanta-te, ó minha imagem, tu que foste criado à minha semelhança. Levanta-te, saiamos daqui; tu em mim e eu em ti, somos uma só e indivisível pessoa.

Por ti, eu, o teu Deus, me tornei o teu filho; por ti, eu, o Senhor, tomei tua condição de escravo. Por ti, eu, que habito no mais alto dos céus, desci à terra e fui até mesmo sepultado debaixo da terra. Por ti, feito homem, tornei-me alguém sem apoio, abandonado entre os mortos. Por ti, que deixaste o jardim do paraíso, ao sair de um jardim, fui entregue aos judeus e, num jardim, crucificado.

Vê em meu rosto os escarros que por ti recebi, para restituir-te o sopro da vida original. Vê na minha face as bofetadas que levei para restaurar, conforme à minha imagem, tua beleza corrompida.

Vê em minhas costas as marcas dos açoites que suportei por ti para retirar dos teus ombros o peso do pecado. Vê minhas mãos fortemente pregadas à árvore da cruz, por causa de ti, como outrora estendeste levianamente as tuas mãos para a árvore do paraíso.

Adormeci na cruz e por tua causa a lança penetrou o meu lado, como Eva surgiu do teu, ao adormeceres no paraíso. Meu lado curou a dor do teu lado. Meu sono vai arrancar-te do sono da morte. Minha lança deteve a lança que estava dirigida contra ti.

Levanta-te, vamos daqui. O inimigo te expulsou da terra do paraíso; eu, po-rém, já não te coloco no paraíso, mas num trono celeste. O inimigo afastou de ti a árvore, símbolo da vida; eu, porém, que sou a vida, estou agora junto de ti. Cons-tituí anjos que, como servos, te guardassem, ordeno agora que eles te adorem como Deus, embora não sejas Deus.

Está preparado o trono dos querubins, prontos e a postos os mensageiros, construído o leito nupcial, preparado o banquete, as mansões e os tabernácu-los eternos adornados, abertos o tesouro de todos os bens e o reino dos céus desde toda a eternidade".

(A descida do Senhor à mansão dos mortos, séc. IV)

Enfim, a história de Adão e Eva é símbolo da história de toda a hu-manidade. Somos pecadores, viramos as costas a Deus a todo o instante. Desobedecemos, mentimos, culpamos... Mas, mesmo assim, Deus nos quer junto Dele e nos dá uma nova chance a cada dia, a cada manhã. O sol que ilumina nossas janelas ao amanhecer é sinal da luz de Cristo, da nova chance, da nova oportunidade para sermos melhores, para amar-mos mais e confiarmos no amor e na bondade de nosso Deus. O sacra-mento da reconciliação deixado por Cristo é prova disso. Deus nos perdoa sempre... A nós, cabe reconhecer o nosso erro e pedir perdão.

CAPÍTULO II

DEUS SE REVELA
NA HISTÓRIA

Ao falarmos da história, estamos nos referindo ao **tempo** e ao **espaço** que Deus, na sua infinita bondade, utiliza para se comunicar com o homem e a mulher e, a ambos, revelar seu projeto de amor e salvação. Vamos começar refletindo um pouco sobre o tempo. Você já parou para pensar no que é o tempo? É uma das noções mais complexas e ricas desenvolvidas pelo ser humano e, pelo mesmo motivo, uma das mais difíceis de explicar. O próprio autor do livro de Eclesiastes 3,2-8 já escreveu sobre o tempo:

> Debaixo do céu há momento para tudo, e tempo certo para cada coisa: Tempo para nascer e tempo para morrer. Tempo para plantar e tempo para arrancar a planta. Tempo para matar e tempo para curar. Tempo para destruir e tempo para construir. Tempo para chorar e tempo para rir. Tempo para gemer e tempo para bailar. Tempo para atirar pedras e tempo para recolher pedras. Tempo para abraçar e tempo para separar. Tempo para procurar e tempo para perder. Tempo para guardar e tempo para jogar fora. Tempo para rasgar e tempo para costurar. Tempo para calar e tempo para falar. Tempo para amar e tempo para odiar. Tempo para guerra e tempo para paz.

O tempo, para o sábio de Eclesiastes, é um suceder de momentos nos quais a vida acontece. É no tempo que nascemos e, depois de um tempo, morremos. No tempo plantamos e colhemos, brigamos e fazemos as pazes... A vida e a história obedecem a um suceder-se de durações e de momentos. O tempo é sempre neutro. De acordo com o uso que dele fazemos, passa a ter um sentido e um significado para nós. São as datas importantes, por exemplo: aniversários, Natal, Páscoa... Tudo acontece no tempo e nada se faz fora dele.

O tempo marcado por dias, horas, minutos e segundos não passa de sinal ou referência do verdadeiro tempo: a duração das coisas. Relógios e calendários são resultados de observações e cálculos matemáticos. O tempo, enquanto baseado no movimento do universo, chama-se *cósmico*.

Se nada se faz fora do tempo, podemos dizer então que o ser humano está dominado por ele? Do ponto de vista natural, o tempo domina todas as criaturas. Isto está claramente expresso na mitologia grega, através da descrição do deus grego Chronos, considerado o mais terrível de todos os deuses. Vale lembrar que o ser humano, quando não conseguia explicar ou entender algo, representava-o através da criação de um mito, uma história. Esses mitos, ainda hoje, revelam verdades experienciadas por um povo, como veremos na descrição do deus do tempo: Chronos.

> Chronos era o sexto filho de Gaia (deusa da terra) e Urano (deus do céu). Era considerado o mais terrível de todos os filhos. Chronos era representado por quatro asas: duas abertas para voar (simbolizando que o tempo voa), e duas recolhidas (representando a imobilidade; o tempo parece ser sempre o mesmo, parece não passar). Tinha, também, quatro olhos na parte anterior da cabeça (simbolizando a esperança e o futuro). Dois dos quatro olhos estão fechados, indicando o descanso paciente; o tempo não tem pressa. Tinha, ainda, dois olhos no pescoço (olhos da lembrança do que passou) e duas asas na cabeça como sinal das paixões humanas.

A descrição demonstra que o tempo, dada a sua ação implacável sobre o homem, não tem um sentido específico e, por este motivo, era deificado; tornou-se um mito (deus). O mito, narrado através de alegoria, revela uma verdade: o tempo pode ser bom ou ruim, pode voar ou demorar a passar... Nada mais é que o retrato da experiência que o ser humano faz do tempo. Do ponto de vista cronológico, o tempo é sempre o mesmo. Dias, horas, minutos e segundos... Mas, de acordo com o que estamos fazendo, ele pode ser "sentido" ou "vivido" de formas diferentes. Sentado num consultório médico, à espera de ser atendido, o tempo parece não passar, é entediante. Já numa festa, ao lado de amigos, o tempo voa, nem vemos as horas passarem.

Outra característica do tempo (Chronos) é sua constante ameaça de sempre voltar a fazer a mesma coisa. É uma concepção de que o tempo, ano após ano, repete o mesmo ritmo e nos envelhece. A busca da eterna juventude, por exemplo, é uma demonstração da frustração da luta contra o tempo, ou seja, nós somos dominados por ele. Não importa o quanto usemos cremes e façamos cirurgias plásticas, com o tempo, as rugas aparecerão, os sinais da idade surgirão... Todos os dias, nascem e morrem pessoas. Neste sentido, a história do mundo e da humanidade é vazia. É uma história sem esperança porque caminha para o nada, apenas participamos de um repetir-se contínuo. E isto é frustrante! Talvez esse seja o motivo de tantas pessoas em depressão: terem descoberto que a vida nada mais é do que um suceder de acontecimentos, que nos envelhece e não nos leva a lugar algum. As pessoas não veem mais sentido na vida!

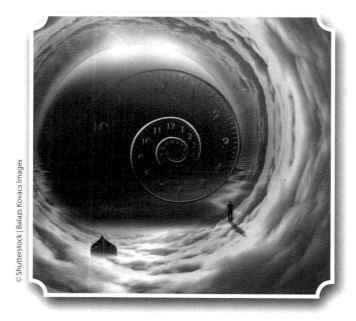

Evidentemente que esta não é a visão cristã do tempo. Para nós, cristãos, o tempo tem outra característica e outro sentido. A visão cristã não se conforma com a visão mítica. O tempo, para nós, existe para ser santificado, pois é a duração na qual o homem e a mulher podem se santificar.

Para nós, cristãos, o tempo é *kairótico*, oportuno para o encontro com Deus que nos oferece a salvação. É tempo da manifestação de Deus em nossa história. Isto traz duas implicações:

- A santidade acontece quando entramos em contato com Deus. Se o tempo é "momento" para santificar-se, Deus age nele. Isso quer dizer que o tempo, para nós, não é cronológico, mas *kairótico* – oportuno para a salvação, para encontrar-se com Deus.
- O tempo é um "momento" precioso, algo qualificado, porque cada dia é um momento revelador do projeto divino e, da mesma forma, é uma oportunidade para que possamos crescer neste projeto.

> **E é neste tempo que Deus se revela: a história!**

Deus, desde a criação do mundo, mostrou-se ao ser humano de maneira gradativa para que, no momento oportuno, interviesse na história e se revelasse plenamente em Jesus Cristo. O tempo, portanto, para o homem e a mulher de fé, deixa de ser algo frustrante, sem sentido, e torna-se momento oportuno para encontrar-nos com Deus e sermos transformados por Ele. A cada dia, ao vermos aquele sol belo que nasce toda manhã, podemos ter certeza de que é uma nova chance dada por Deus para sermos melhores, para amadurecermos e crescermos na fé. A cada dia, Deus nos dá uma nova oportunidade de conversão, de mudança de vida. O que não foi tão bom ontem, Deus nos dá hoje uma nova chance de fazer e ser melhor... de perdoar, de amar, de ser misericordioso.

O tempo torna-se o **hoje de deus** na vida de cada um de nós. O ontem é memória de um tempo no qual Deus agiu a seu favor, o hoje é o momento oportuno (*kairótico*) para que Ele possa agir e o amanhã é o ponto de chegada, o momento do encontro escatológico, quando o tempo não mais existirá, "quando Ele ressuscitar os mortos, tornando nosso pobre corpo semelhante ao seu corpo glorioso" (MISSAL ROMANO, Oração Eucarística III, p. 486).

Neste sentido, guiada pelo Espírito Santo e no decorrer dos séculos, a Igreja se organizou para que os fiéis celebrassem e vivessem da melhor maneira sua fé no Cristo Ressuscitado. Para isso, criou seu próprio calendário chamado de *Ano Litúrgico*, no qual suas celebrações têm um caráter pedagógico e mistagógico. A Igreja vai formando seus fiéis em discípulos de Cristo (pedagógico) e, ao mesmo tempo, introduzindo-os, de modo consciente, a participar ativamente do Mistério celebrado (mistagogia).

O calendário da Igreja (Ano Litúrgico), portanto, não coincide com o ano civil. Compõe-se por dois grandes ciclos, Natal e Páscoa, e por um longo período de 33 ou 34 semanas, chamado de *Tempo Comum*. Assim, a cada ciclo e a cada tempo, através do calendário litúrgico, a Igreja nos oferece uma espiritualidade própria e nos convida a meditar um determinado e específico elemento do Mistério de Cristo.

Cada Ano Litúrgico que celebramos faz-nos compreender melhor o Mistério de Deus e, também, conhecer-nos um pouco mais, ajudando-nos a amadurecer na fé e em nossas relações pessoais e comunitárias.

O Ano Litúrgico, apesar de se repetir, não é o mesmo, pois nós, igualmente, não somos os mesmos um ano após o outro.. O calendário litúrgico, com sua dinâmica e pedagogia, nos aproxima de Deus e do seu Reino.

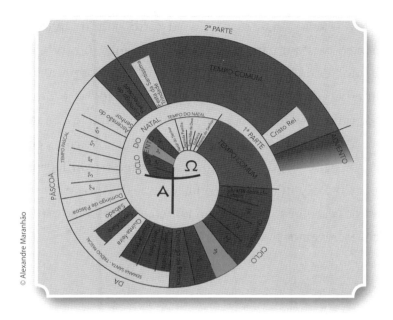

A história compreende não só o tempo, mas também um espaço, um lugar. Para entendermos o conceito hebraico de lugar, é preciso perguntar:

- Deus está neste ambiente de leitura? (Sim, mas é maior que o limite destas paredes.)
- Deus está nesta cidade? (Sim, mas é maior que ela.)
- Deus está neste país? (Sim, mas é maior que ele.)
- Deus está no mundo? (Sim, mas é maior que qualquer planeta.)
- Deus está no Universo? (Sim, mas é maior do que todas as galáxias reunidas.)

Diante disto, surge uma última questão: é Deus quem está aqui ou nós é que estamos em Deus? Podemos compreender que estamos em Deus, pois Deus é o lugar!

O tempo e o espaço são o lugar onde nos encontramos com o invisível, onde nos relacionamos com o Mistério, com o Divino. O tempo e o espaço existem para renovarmos a aliança, fazendo memória da Páscoa do Senhor. O homem necessita de espaços para encontros, especialmente com Deus. As nossas igrejas, capelas e demais ambientes sagrados nos ajudam a encontrar com Aquele que vem.

Somos chamados a todo o instante a nos encontrarmos com Ele, a fazermos a experiência de seu amor e de sua misericórdia, como veremos no próximo capítulo, na belíssima história de Abraão e Isaac. Assim como Deus os escolheu, Ele também nos chama e escolhe e, no tempo e no espaço, escrevemos nossa história em Deus.

CAPÍTULO III

Deus nos resgata da morte

A encarnação, paixão, morte e ressurreição de Cristo tornam-se chave de leitura para todo o Antigo Testamento. Nós, cristãos, enxergamos na vinda de Jesus a realização e conclusão das profecias e dos acontecimentos do Antigo Testamento. É nesta ótica que leremos alguns capítulos (de 12 a 25) do livro de Gênesis, onde encontramos a história de Abrão (Abraão), um homem escolhido por Deus para formar uma nova raça, um povo eleito: "O Senhor disse a Abrão: 'Sai de tua terra, do meio dos teus parentes, da casa de teu pai, e vai para a terra que te mostrarei. Farei de ti uma grande nação e te abençoarei, engrandecendo teu nome, de modo que se torne uma bênção'" (Gn 12,1-2).

Abrão ouviu as palavras do Senhor e nelas acreditou. Tomando sua mulher, Sarai (Sara), partiu... Depois de muitos acontecimentos, finalmente se instalou na terra que o Senhor lhe prometeu. Ali, contemplou com o olhar de norte a sul, do ocidente ao oriente, a terra que o Senhor lhe tinha dado. Muitos anos se passaram, Abrão e sua mulher não tiveram descendência. Sarai era estéril e Abrão, vendo o tempo ir sem a descendência por Deus prometida, começou a questionar: "Senhor Deus, que me haverás de dar, se eu devo deixar este mundo sem filhos...?" (Gn 15,2).

O tempo de Deus era diferente do tempo de Abrão. O casal **não** teve a paciência de esperar... A ansiedade não os deixou confiar e acreditar no que o Senhor lhes disse. A seu modo, na sua humanidade, ambos queriam ver a promessa da descendência cumprida, a ponto de Sarai colocar sua escrava para se deitar com Abrão. Não, este não era o projeto do Senhor... Mas o não saber esperar o tempo de Deus fez Abrão e Sarai tomarem iniciativas e decisões equivocadas. Talvez, nesse aspecto, a história desse casal tenha muito a nos dizer...

> Quantas vezes colocamos nossos problemas nas mãos do Senhor e, na ansiedade de vê-los resolvidos, os tomamos de volta para fazer do nosso jeito? Deus sabe o tempo certo, confiemos!

No tempo certo, na sua infinita paciência e misericórdia, Deus se dirige novamente a Abrão e lhe reafirma a promessa de numerosa descendência. Esta é a terceira vez que Deus faz uma aliança com Abrão e agora lhe dá um novo nome, indicando participação nas bênçãos da aliança e símbolo do *status* que assumiria a partir dali: "pai das nações, dele nascerão reis de povos".

> 'Já não te chamarás Abrão, mas teu nome serás Abraão, porque farei de ti o pai de uma multidão de nações' [...] 'Quanto à tua mulher, Sarai, já não chamarás Sarai, mas Sara. Eu a abençoarei e também dela te darei um filho. Vou abençoá-la e ela será mãe de nações...' (Gn 17,5.15-16)

Após ouvir novamente a promessa do Senhor, "Abraão prostrou-se com o rosto em terra e começou a rir, dizendo consigo mesmo: 'Será que um homem de cem anos vai ter um filho e que, aos noventa anos, Sara vai dar à luz?" (Gn 17,17). Abraão e Sara não tinham mais esperança, mas Deus lhes queria mostrar ser o *Deus do impossível*; onde não há vida, Deus pode fazer nascê-la. "Há alguma coisa impossível para o Senhor?" (Gn 18,14).

Um ano depois, a promessa se cumpre. Sara dá à luz Isaac, que significa "ele ri", por causa dos risos de seus pais. Os murmúrios de dúvida se transformaram em risos de alegria. Alegria de uma nova vida, da inocência de uma criança, da beleza da família.

Passados alguns anos, Abraão novamente escuta uma voz: "Abraão, [...] toma teu único filho Isaac a quem tanto amas, dirige-te à terra de Moriá e oferece-o ali em holocausto sobre um monte que eu te indicar" (Gn 22,1-2). Deus põe Abraão à prova... Holocausto significa "queimar por inteiro", além de sacrificar, seria necessário atear fogo. Abraão levantou-se cedo, rachou a lenha e colocou-se a caminho do local mencionado por Deus. No terceiro dia de caminhada, eleva a face e avista o lugar. Ao pé do monte, coloca a lenha para o holocausto nas costas de Isaac e, tendo em suas mãos o fogo e a faca, começa a subir a ladeira íngreme até onde seria erguido o altar.

A subida torna-se dramática. Isaac pergunta a Abraão: "Pai, [...] Temos o fogo e a lenha, mas onde está o cordeiro para o holocausto?" (Gn 22,7). Imaginem a angústia de saber que o próprio filho carregava a lenha de seu sacrifício. A resposta de Abraão é sábia e confiante: "Deus providenciará o cordeiro para o holocausto, meu filho" (Gn 22,8). E os dois continuam o caminho. No alto do monte, onde Deus havia indicado, Abraão ergue o altar, coloca a lenha em cima e amarra o filho Isaac.

Imaginem cada passo dado: o caminho que se torna interminável, cada pensamento e questionamento, a dúvida entre fé e razão... até chegarem ao local do holocausto. Imaginem cada pedra sendo colocada para erguer o altar, cada pedaço de lenha sendo acomodada sobre as pedras e, enfim, o terrível momento de amarrar o filho, de deitá-lo sobre o

© Guto Godoy

altar, de empunhar a faca... O olhar de Isaac, a pergunta não expressada: "por quê?". A sua luta interna até a compreensão: "Isaac, você é o sacrifício!". Então, a confiança no pai (Pai) torna-se maior que o medo e Isaac, dócil ao projeto de Deus, se deixa amarrar... Colocando, talvez, as mãos sobre os olhos do filho, Abraão ergue a faca. E, no momento extremo da decisão, do limite, Deus intervém: "Abraão! Abraão! [...] Não estendas a mão contra o menino e não lhe faças mal algum. Agora sei que temes a Deus, pois não me recusastes teu único filho" (Gn 22,12).

Surge a concepção do **resgate**. Deus intervém na história e resgata Isaac da morte. Em seu lugar, é sacrificado um cordeiro.

> **P**odemos nos perguntar por que Deus faria um pedido destes a um pai? Que Deus é este?

Analisemos esse relato saindo do texto bíblico, olhando o contexto e pressupondo algumas coisas. Abraão foi infiel, quis fazer a promessa de Deus se cumprir do seu modo, duvidou e questionou... Por fim, no tempo de Deus, e não no tempo de Abraão, a promessa se cumpriu. Isso mexeu com Abraão, deixou-lhe um sentimento de gratidão, mas também de arrependimento, de consciência pesada por não ter esperado no Senhor. A voz que Abraão escutou talvez fosse de sua consciência querendo provar a Deus o seu amor, a sua fidelidade. Ele, então, escolheu dar a Deus o que possuía de melhor e mais valioso: o **filho** único. Talvez fosse influenciado por um costume pagão da época, no qual as pessoas sacrificavam o filho primogênito do sexo masculino ao deus Baal, o deus da fertilidade, por acreditarem que este poderia lhes dar muito mais filhos.

Abraão, talvez sob influência deste costume pagão, poderia ter pensado que, oferecendo o seu primogênito ao único Deus verdadeiro, autor e criador de tudo, poderia amenizar a dor da culpa que o condenava e ser abençoado com muito mais descendentes. Porém, a lógica de

Deus é completamente diferente da lógica humana. Ele **não é um deus qualquer** para negociar bênçãos através de troca... Tudo o que Deus faz é por amor, na gratuidade. Não nos pede nada como recompensa ou pagamento. Mas por que Deus permitiria Abraão levar adiante este pensamento, a ponto de levantar a faca contra o filho? Porque de nada adiantaria a Abraão qualquer palavra. Mesmo que Deus dissesse **não** ser necessário, pois conhecia o seu coração, as palavras não amenizariam a dor da consciência de Abraão. Então, Deus permite que Abraão siga pelo caminho, deixa-o chegar ao extremo... Esse tempo e caminho foram necessários para que Deus curasse Abraão e agisse a cada passo... No limite, então, Deus **resgata** Isaac.

Assim como para Abraão e Isaac, Deus tem um projeto de amor e salvação para nós. Talvez não saibamos o "porquê" ou o "para quê" das coisas, mas temos que manter a firme confiança de que, no tempo certo, Deus agirá e intervirá em nossas vidas, em nossas histórias.

> A nós, é preciso confiar e esperar o tempo Dele. Podemos nos perguntar: minha consciência me acusa de quê? Ou qual caminho estou trilhando, ou devo trilhar, para que Deus possa agir?

Deus interveio e libertou Isaac da morte. Com o resgate e o sacrifício, Ele sela uma nova aliança com Abraão. Assim como resgatou Isaac, Deus também resgata a todos nós. A libertação de Isaac pode ser lida como prefiguração da nossa própria libertação.

Quando olhamos para a cruz e enxergamos Jesus, entendemos que Ele é o cumprimento do projeto começado por Deus em Abraão para salvar toda a humanidade. Cristo, o primogênito do Pai, foi **sacrificado** em nosso lugar. Fez-se cordeiro e nos resgatou da morte eterna. Ele, do alto da cruz, derrama seu sangue sobre nós, a humanidade, e assim assume as nossas faltas, os nossos pecados. Deus o fez cordeiro, assumindo os nossos erros, para nos salvar e nos libertar da condenação eterna. Este é o motivo de dizer-se durante a celebração eucarística: "CORDEIRO DE DEUS QUE TIRAIS O PECADO DO MUNDO, TENDE PIEDADE DE NÓS", "EIS O CORDEIRO DE DEUS QUE TIRA O PECADO DO MUNDO" (Jo 1,29).

Para **resgatar** a humanidade da morte do pecado, Deus sacrifica seu Filho em nosso lugar. Cristo se torna o cordeiro que tira o pecado do mundo. Assim como fez com Isaac, Deus providencia o próprio Filho para nos salvar.

> *Pela morte redentora de Cristo e pela sua ressurreição, o universo é "cristificado".*
>
> (PIERRE TEILHARD DE CHARDIN)

CAPÍTULO IV

EIS O MISTÉRIO DA FÉ!

Desde a criação do mundo e do pecado do homem, Deus propõe um projeto de salvação e se revela à humanidade. Propõe um caminho de arrependimento, reconhecimento, conversão e aliança.

Nesta trajetória, com o chamado de Abraão, Deus elege um povo como sinal de seu amor, mostrando sua paciência e fidelidade para com a humanidade que constantemente lhe volta as costas. O povo hebreu experimenta Deus e sua misericórdia em diversos momentos da história, mas o momento-chave que iluminará todos os outros é a transição de passar da escravidão no Egito à liberdade de povo escolhido. Deus escuta o clamor de seu povo, vê o seu sofrimento e se compadece, fazendo-o sair e atravessar a pé enxuto o mar, realizando a passagem da escravidão para a libertação. Este momento tão importante e significativo na vida e na história de um povo não pode ser esquecido. É necessário fazer memória, não no sentido apenas de lembrar, mas de atualizar. Este evento, portanto, é vivido e atualizado a cada ano, em um conjunto de ações, palavras e gestos: a Páscoa judaica!

Jesus era judeu, celebrava anualmente este acontecimento da libertação do povo de Israel da escravidão do Egito. Porém, ao celebrar com os discípulos sua última ceia pascal, Jesus institui um novo rito que dá outro sentido ao que é celebrar a Páscoa. A ceia se torna prefiguração da nova libertação, da nova e eterna aliança: paixão, morte e ressurreição de Jesus. Nos ritos judaicos, experimenta-se, a partir deste evento, a presença do Mistério Pascal de Cristo! Não mais a passagem do mar para libertar o povo da escravidão no Egito, mas a passagem da morte para a vida que o liberta da escravidão do pecado.

Este evento tão importante, que só foi entendido pelos discípulos após a ressurreição do Senhor, não podia ser esquecido, pois o próprio Cristo deixou o mandato: "Fazei isto em memória de mim" (Lc 22,19). Mas o que é fazer memória na liturgia? Para compreender o que se concebe como memória no cristianismo, é preciso conhecer a concepção de "memorial" no judaísmo, cuja origem está no Antigo Testamento, na ceia pascal judaica ligada ao êxodo (saída do Egito).

O povo hebreu, escravo no Egito, recebe a promessa de libertação de Deus tendo como mediador Moisés e seu intérprete Aarão (cf. Ex 3,1-7,1-6). Depois de inúmeras tentativas de negociações frustradas por causa da dureza do coração do Faraó, e as consequentes pragas lançadas sobre o Egito, Deus diz a Moisés e Aarão:

> Este mês será para vós o começo dos meses, será o primeiro mês do ano. Falai a toda comunidade de Israel: No dia dez deste mês, cada um tome um animal por família, um animal para cada casa. Se a família for pequena demais para um animal, convidará também o vizinho mais próximo, de acordo com o número de pessoas. Para cada animal deveis calcular o número de pessoas que vão comer. O animal será sem defeito, um macho de um ano. Podereis escolher tanto um cordeiro ou um cabrito. Deveis guardá-lo fechado até o dia catorze deste mês, quando toda a comunidade de Israel o imolará ao cair da tarde. Tomarão um pouco do sangue e untarão a moldura da porta das casas onde comerem. Comerão a carne nesta mesma noite. Deverão comê-la assada ao fogo, com pães sem fermento e ervas amargas. Não deveis comer dessa carne nada de cru, ou cozido em água, mas assado ao fogo, inteiro, com cabeça, pernas e vísceras. Não deixareis nada para o dia seguinte. O que sobrar, devereis queimá-lo no fogo. Assim o comereis: com os cintos na cintura, os pés calçados, o bastão na mão; e comereis às pressas, pois é a Páscoa do Senhor. (Ex 12,2-11)

Os versículos descrevem um rito, ao qual Deus chama de Páscoa (passagem), e o seu sentido: "Este dia será para vós um MEMORIAL, e o celebrareis como uma festa para Iahweh; nas vossas gerações a festejareis; é um decreto perpétuo" (Ex 12,14).

> **P**ara melhor ilustrar nossa reflexão, podemos fazer a leitura de todo o capítulo 12 do livro de Êxodo.

Em todo o capítulo, Deus orientará como deverá ser a ação ritual que preparará o povo para a saída do Egito. Este ritual será a prefiguração, o sinal profético, o anúncio da libertação total que ocorrerá com a passagem do mar a pé enxuto. Torna-se, portanto, um evento que deverá ser repetido anualmente, de maneira perpétua, com todas as gerações: "Quando os filhos vos perguntarem: 'Que significa este rito?', respondereis: 'É o sacrifício da Páscoa do Senhor, que passou pelas casas dos israelitas no Egito, quando feriu os egípcios e salvou nossas casas'" (Ex 12,26).

A palavra "memorial" mencionada anteriormente, de origem grega "anámnesis", é usada para estabelecer a relação da festa da Páscoa com a saída do Egito. Deve-se entender adequadamente a concepção de memorial: não se trata apenas de uma simples recordação, uma lembrança, mas de uma integração ao fato lembrado, graças à participação na ação ritual celebrada. É o que explicita Moisés ao povo:

> Lembrai-vos do dia em que saístes do Egito, lugar de escravidão; pois foi a mão poderosa do Senhor que vos libertou de lá. Não se comerá nada fermentado. O dia da saída é no mês das Espigas. Quando o Senhor te introduzir na terra [...] que jurou a teus pais dar-te, terra onde corre leite e mel, observarás neste mesmo mês este rito. Durante sete dias comereis pão sem fermento, e no sétimo dia haverá uma festa em honra do Senhor. Durante os sete dias comereis pão sem fermento, e não se verá pão fermentado, nem fermento em todo o território. Naquele dia assim explicarás a teu filho: 'Isto é pelo que o Senhor fez por mim ao sair do Egito'. Servirá para ti de sinal em tua mão e de lembrança (memorial) em tua fronte, para que tenhas na boca a Lei do Senhor, porque com mão poderosa o Senhor te libertou do Egito. Observarás este decreto cada ano no tempo fixado. (Ex 13,3-10)

O texto revela que o rito permite a todas as gerações do povo saído do Egito apropriarem-se também da libertação concedida por Deus. Aquele acontecimento tão importante não poderia ficar no passado e não poderia servir apenas àquele grupo. A libertação que Deus operou foi total, plena, dirigida aos hebreus e a todas as pessoas que vieram e virão depois deles. Mas, como a passagem do mar foi única e não podia ser repetida, utiliza-se o rito que a antecedia para atualizá-la. Portanto, na Páscoa judaica, ao se repetir a ação ritual da última ceia no Egito, não se está celebrando-a, mas se fazendo **memória** da passagem do mar, da libertação. Esta é a **Páscoa**. A passagem do mar é o momento fundador da libertação. Quem participa da celebração da festa da Páscoa está, naquele momento, saindo da escravidão, está sendo libertado por Deus. O memorial atualiza "hoje", ritualmente, o fato recordado. Desta forma, todos os que celebram a festa da Páscoa atualmente estão incluídos na aliança selada entre Deus e o seu povo.

É nesse sentido que Jesus, como judeu e observador do mandato de celebrar anualmente a festa da Páscoa, o fez durante todos os anos de sua vida. Porém, em sua última ceia, deu um novo sentido ao memorial celebrado: aquele momento não mais significaria a libertação do Egito, mas a libertação total do pecado, a passagem da morte para a vida, a aliança selada no seu sangue derramado na cruz. Jesus, sabendo que estava próximo o seu fim, sobe para Jerusalém para a festa da Páscoa. À frente, manda seus discípulos para prepará-la.

> No primeiro dia da Festa dos Pães sem Fermento, os discípulos se aproximaram de Jesus e perguntaram: 'Onde queres que te preparemos a Ceia da Páscoa?' Ele respondeu: 'Ide à cidade, à casa de certo homem, e dizei-lhe: O Mestre mandou dizer: O meu tempo está próximo; quero celebrar em tua casa a Páscoa com meus discípulos'. Os discípulos fizeram como Jesus lhes tinha mandado e prepararam a Ceia da Páscoa. (Mt 26,17-19)

Na noite da Páscoa, estando reunido com seus discípulos, Jesus anuncia uma nova Páscoa e um novo êxodo. O rito da última ceia do Senhor torna-se novamente prefiguração, sinal profético, anúncio do que aconteceria mais tarde: a paixão, morte e ressurreição de Jesus. Sua morte é apresentada como um novo êxodo, como uma nova passagem. Sua morte de cruz é considerada um sacrifício, uma entrega total, no qual seu sangue é derramado sobre toda a humanidade, marcando-a e libertando-a da morte. No rito que Jesus celebra, Ele deixa o mesmo mandato memorial: "Fazei isto em memória de mim" (Lc 22,19).

A morte e ressurreição de Jesus, que acontece uma única vez, torna-se presente para nós, cristãos, pela celebração litúrgica, como expresso pela assembleia reunida durante o rito:

"Anunciamos, Senhor, a vossa morte
e proclamamos a vossa ressurreição.
    Vinde, Senhor Jesus!"

"Todas as vezes que comemos deste pão e
bebemos deste cálice,
anunciamos, Senhor, a vossa morte,
enquanto esperamos a vossa vinda!"
(MISSAL ROMANO, Oração Eucarística II, p. 479)

"Toda vez que se come deste pão,
toda vez que se bebe deste vinho,
se recorda a paixão de Jesus Cristo e
se fica esperando sua volta!"
(MISSAL ROMANO, Oração Eucarística V, p. 497)

Não se trata de uma simples recordação, mas de uma atualização. Através da ação memorial, o passado é trazido para o hoje da celebração litúrgica e o futuro, a vinda gloriosa de Cristo, torna-se presente e antecipado na ação ritual. Somos nós que estamos aos pés da cruz e às portas do túmulo vazio da ressurreição. Somos nós, multidão reunida trajando vestes brancas e com palmas nas mãos, que, de pé, estamos diante do trono e do Cordeiro, testemunhando a realidade celeste descrita no livro do Apocalipse.

Assim, a liturgia por nós celebrada não é recordação da última ceia, mas, através dos ritos instituídos nela, faz memória da Páscoa de Cristo, da sua passagem da morte para a vida, da nossa libertação pelo seu sangue derramado na cruz. É este o mistério da fé celebrado e atualizado em cada celebração eucarística. Através da celebração dominical e cotidiana da eucaristia, fazemos memória do evento fundante de nossa salvação: a morte e ressurreição de Jesus.

Cesare Giraudo (2003, p. 88) explicita esse movimento memorial através de um gráfico, bastante ilustrativo:

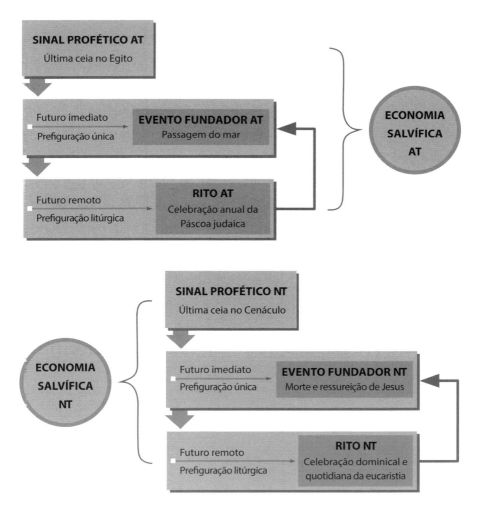

Observando o esquema gráfico, pode-se dizer que o sinal é algo que aponta, que remete a uma realidade que ainda não se pode ver, pois está ausente. Não "é" o que significa, mas o que nos orienta, de modo mais ou menos informativo, para a coisa significada. É uma espécie de "mensagem" palpável que sensivelmente aponta, revela, designa ou representa outra realidade. Neste caso, o sinal profético (última ceia) torna-se anúncio, revelação de um acontecimento que se realizaria mais adiante: a passagem a pé enxuto no mar, a libertação da escravidão do Egito; a morte e ressurreição de Jesus, a libertação da escravidão do pecado, da morte eterna... Assim, o sinal profético anuncia o acontecimento fundador e central de nossa fé.

O evento fundador, tanto do Antigo Testamento quanto do Novo Testamento, é único e irrepetível. O sinal profético, no entanto, nos dá a possibilidade de voltar, de romper o tempo e o espaço. Com a instituição da eucaristia, Jesus nos dá a possibilidade de imergir salvificamente em sua morte-ressurreição. Desse modo, a celebração ritual do Antigo Testamento é o que nos possibilita voltar ao mar pelo qual os que foram libertos do Egito passaram. "É o nosso modo de ir ao Calvário e ao sepulcro vazio: um ir não físico, mas no memorial, pela retomada ritual do sinal profético do pão e do cálice, por uma ação figurativa, sacramental e, portanto, absolutamente real" (GIRAUDO, 2003, p. 90). A economia salvífica, portanto, "indica todo o plano decretado por Deus, realizado e revelado no decorrer total da história, plano que tem em Cristo o seu centro e seu ponto culminante" (NOSENTTI; CIBERIEN *apud* SARTORE; TRIACCA, 1992, p. 1260).

> Pela mediação do sinal do pão/cálice dado na 'véspera de sua paixão', Jesus anuncia profeticamente e leva a termo salvífico o mistério de sua morte vicária.
> Instituindo a eucaristia e participando dela por primeiro, Jesus entra profeticamente em comunhão com sua morte-ressurreição no sinal do pão e do

> cálice. Pronunciando as palavras da instituição, embora ainda esteja fisicamente no cenáculo, contudo figurativamente, na eficácia do sinal profético e, por isso, realmente, já desceu às águas de morte do Calvário e já subiu das águas de vida do sepulcro vazio. Participando daquele primeiro pão partido e bebendo do primeiro cálice, a comunidade dos pais no cenáculo já foi sepultada na morte de Cristo à condição de servidão e, ao mesmo tempo, já ressuscitou em sua ressurreição à condição de serviço. Por sua *prefiguração única*, irrepetível, a última ceia está orientada com todo seu peso teológico ao *futuro imediato* que pré-anuncia salvificamente e leva a termo profeticamente. (GIRAUDO, 2003, p. 87, grifos do autor)

É preciso criar consciência da eucaristia como memorial do **Mistério Pascal**. Os ritos têm um conteúdo teológico e espiritual. Voltemos para o que Jesus disse, fez e mandou fazer: "Mandou que se faça a mesma coisa que fez naquela ceia derradeira" (MISSAL ROMANO, Oração Eucarística V, p. 495). Os textos bíblicos que relatam a instituição da eucaristia, na última ceia, narram que Jesus expressou três gestos: tomou o pão e o cálice com vinho; pronunciou a bênção; partiu o pão e o distribuiu aos apóstolos e passou o cálice para que dele bebessem. Assim, podemos fazer um paralelo entre a última ceia de Jesus e a estrutura da liturgia eucarística:

Ações/gestos de Jesus	Estrutura da liturgia eucarística
Tomou o pão/vinho ⟶	Preparação das oferendas
Deu graças ⟶	Prece eucarística
Partiu e deu aos seus discípulos ⟶	Rito da comunhão

Vejamos de maneira sintética cada um destes três gestos dentro da celebração da eucaristia.

A preparação das oferendas ou a preparação dos dons é o momento em que o altar ou a mesa do Senhor é preparado, exprimindo ser o centro de toda a liturgia eucarística para o qual deve ser dirigida a atenção da assembleia. A procissão que antecede a prece eucarística não é o ofertório, mas a sua preparação. Portanto, levam-se até o altar o pão e o vinho que serão consagrados, pois não oferecemos a Deus pão e vinho, mas, sim, o corpo e sangue de Cristo como memorial de sua Páscoa.

O segundo gesto de Jesus, "deu graças", é expressado na prece eucarística. A "oração eucarística" ou "cânon", ou ainda "anáfora", como é conhecida na grande tradição litúrgica do Oriente, é uma grande "oração de aliança" por ter uma estrutura semelhante aos tratados de aliança do Oriente Médio antigo, que serviram de inspiração para os textos bíblicos da aliança entre Deus e seu povo. Como todo tratado, supõe dois parceiros, duas partes, neste caso: Deus e o seu povo. Neste tratado é selado um pacto do qual emanam deveres e direitos de ambas as partes. Porém, na relação entre homem e Deus, a humanidade não pode fazer exigências nem apresentar méritos diante Dele. O discurso de aliança, da parte do homem, só pode ser recordação da misericórdia divina e súplica humilde, confiante, nas promessas da aliança.

Neste sentido, o homem inicia o discurso recordando os grandes feitos de Deus em favor de seu povo, sua fidelidade diante das infidelidades humanas, então louva, bendiz e dá graças a Deus por tanta bondade e misericórdia. Tudo isso é expresso pelo que chamamos de **prefácio** da oração eucarística, que se inicia após o diálogo entre o presidente (padre) e a assembleia ("O Senhor esteja convosco...", "Corações ao alto...", "Demos graças ao Senhor, nosso Deus...") e conclui-se com o convite para cantar o Santo.

Baseado na sempre renovada fidelidade de Deus, ainda ousa apresentar-lhe súplicas. Como ponto central, suplica o Espírito Santo sobre o pão e o vinho (*epiclese de consagração*), dons apresentados pela assembleia, sobre os quais quem preside repete as palavras e os gestos de Cristo. Pela ação do Espírito Santo, eles tornam presente o sacrifício que o próprio

> Epiclese: momento da oração eucarística no qual se pede a Deus o envio do Espírito Santo para transformar as oferendas (pão e vinho) no Corpo e Sangue de Cristo. Num segundo momento, refere-se ao envio do Espírito Santo sobre os comungantes.

Cristo instituiu na última ceia, quando ofereceu seu corpo e seu sangue sob os sinais do pão e do vinho. Com a exclamação "tudo isso é mistério da fé!" (MISSAL ROMANO, Oração Eucarística V, p. 497), a assembleia é convidada a louvar o mistério da redenção que se atualiza no pão e no vinho consagrados.

Vale dizer, ainda, que não só pedimos o Espírito Santo sobre o pão e o vinho, mas também sobre a assembleia reunida. Este momento é chamado de *epiclese sobre os comungantes*, no qual pedimos a transformação da assembleia em corpo eclesial de Cristo, finalidade da eucaristia. A epiclese sobre os dons, antes do relato da instituição, constitui uma unidade lógica com a epiclese sobre os comungantes, em que se suplica o envio do Espírito para fazer da comunidade reunida o corpo eclesial de Cristo.

Nessa grande dinâmica da prece eucarística, temos primeiramente, portanto, um discurso ascendente: nós (celebrantes) falamos a Deus pela boca do presidente através da oração eucarística, e Deus escuta os louvores e clamores do seu povo; numa resposta descendente, Ele nos dá o "Pão do Céu" e nós, celebrantes (fiéis), somos boca que recebe o Corpo e Sangue de Cristo (comunhão sacramental). Dinâmica que pode ser melhor visualizada no esquema apresentado por Cesare Giraudo (2003, p. 555):

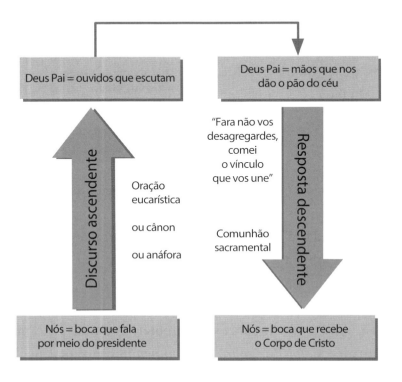

Com a oração do Pai-nosso, dá-se início ao terceiro rito: a comunhão. O rito da fração do pão, que integra esse momento, tem origem na ceia judaica. Realizado por Cristo na última ceia, o gesto de partir o pão é tão significativo que deu nome a toda ação eucarística na época apostólica: "No primeiro dia da semana, estando todos reunidos para a fração do pão" (At 20,7). Este gesto significa que nós, sendo muitos, pela comunhão de um mesmo Pão da Vida, que é Cristo, nos tornamos um único corpo (cf. 1Cor 10,17).

Em virtude do sinal (fração do pão), convém que o presidente possa, de fato, parti-lo em várias partes e distribuí-lo ao máximo de fiéis possível (IGMR, n. 283). Este gesto fez com que os discípulos de Emaús reconhecessem o Ressuscitado: "Eles o reconheceram ao partir o pão" (Lc 24,13-35). Vale lembrar o que a Instrução Geral do Missal Romano (n. 283) diz sobre o pão: "A verdade do sinal exige que a matéria da celebração eucarística pareça realmente um alimento". Sim, alimento!

Em diversas religiões encontram-se comidas sagradas, mas em nenhuma delas dá-se tanta ênfase ao comer e beber como no cristianismo. Encontramos um forte simbolismo no pão e no vinho, no comer e no beber. É um simbolismo, antes de tudo, humano. Cristo os escolhe por sua eficácia expressiva e acessível em nível antropológico. Primeiro, por ser um alimento; a comida é fonte de vida, todos necessitam alimentar-se para sobreviver. Com isso, **Jesus enfatiza ser Ele o nosso verdadeiro alimento,** pois só podemos

> Com o comer, pode-se estabelecer um belíssimo paralelo entre o início do Antigo Testamento no livro de Gênesis (2,17) e o começo da nova aliança na última ceia. Lá, disse Deus a Adão e Eva: "Não comerás", caso contrário terão como consequência a morte. Aqui, no Novo Testamento, na nova criação redimida, o mandato é: "Tomai e comei", pois "quem come a minha carne e bebe o meu sangue..." (Jo 6,54) tem a vida eterna. Exatamente o oposto.

viver se o comermos e o bebermos. Segundo, fazem-nos ver a relação do ser humano com a natureza; são elementos da terra, dom da criação. A esse dom da terra acrescentam-se o esforço e o trabalho do homem. Recordemos as palavras de quem preside durante a preparação da mesa: "Bendito sejais, Senhor, Deus do universo, pelo pão que recebemos de vossa bondade, fruto da terra e do trabalho humano...", "Bendito sejais, Senhor, Deus do universo, pelo vinho que recebemos de vossa bondade, fruto da videira e do trabalho humano..." (MISSAL ROMANO, Ordinário da Missa, n. 19-21). A refeição tem, ainda, uma conotação evidente de unidade que gera felicidade. Comer em grupo, com amigos ou em família, sempre foi um gesto simbólico expressivo de solidariedade e amizade, pois produz um ambiente de conversação, comunicação interpessoal, reconciliação.

Cristo ainda falou do grão de trigo que precisa morrer ao cair na terra para que se produza a espiga. Falava de si mesmo, que morreu para nos dar a vida: "Eu sou o pão da vida" (Jo 6,35). A *Didaqué* faz menção ao trigo e ao pão como símbolos da unidade da comunidade: "da mesma maneira como este pão quebrado

> *Didaqué* é o nome dado aos escritos dos apóstolos, tidos como testemunhos literários do depósito da fé, dedicados à primeira ou à segunda geração pós-apostólica. Em síntese, é a compilação das tradições litúrgicas e canônicas das primeiras comunidades cristãs. São chamadas também de "Doutrina dos Apóstolos" ou, em um nome mais completo, "Doutrina do Senhor através dos doze Apóstolos".

primeiro fora semeado sobre as colinas e depois recolhido para tornar-se um, assim das extremidades da terra seja unida a ti tua igreja (assembleia) em teu reino" (ZILLES, 1970, p. 29). O pão é resultado da união de muitos grãos, o vinho é resultado de muitos cachos de uva. Assim é com a Igreja que, a partir da diversidade de pessoas espalhadas no mundo, reunidas pela eucaristia, forma a comunidade eclesial.

O mistério da fé não é só acreditar que Jesus está presente nas espécies eucarísticas, é muito mais que isso. É ter a certeza de que Deus enviou seu Filho ao mundo, que se encarnou no seio de uma mulher, se fez homem, morreu e ressuscitou para nos salvar. É acreditar que Ele vai voltar em sua glória. Celebrar a eucaristia não é recordar a última ceia, é estar hoje aos pés da cruz, é estar no jardim da ressurreição. É fazer memória, atualizar o único e eterno sacrifício.

"Eis o mistério da fé": a celebração da **Páscoa do Senhor**!

Uma curiosidade

É interessante, também, observarmos que uma prática pré-conciliar, a de comungar ajoelhados à "mesa da comunhão", aquela cerquinha que separava a assembleia do presbitério, foi abolida pelo Concílio Ecumênico Vaticano II. E qual o motivo dessa mudança? O de se resgatar o sentido do altar como a verdadeira mesa do banquete eucarístico. O Concílio quer que todos os celebrantes (a assembleia inteira, e não somente os padres) aproximem-se do altar para comer do Corpo e Sangue do Senhor. Porém, na prática, em poucos lugares isso foi assimilado. Tiramos as "mesas de comunhão", mas continuamos a distribuir a eucaristia no mesmo lugar.

A prece de dedicação a um altar assim revela seu significado:

"Nós vos rogamos, Senhor, derramai a plenitude da vossa bênção celeste sobre este altar, erguido na casa do vosso povo; que se torne para sempre dedicado ao sacrifício de Cristo e seja também a mesa do Senhor, junto da qual vosso povo se renove no banquete divino.

Seja este altar, para nós, símbolo de Cristo, de cujo lado aberto correram água e sangue, os sacramentos que fazem nascer a Igreja.

Seja este altar a mesa festiva, para onde os convivas de Cristo acorram alegres e, colocando em vossas mãos cuidados e trabalhos, se reanimem com novo vigor para a retomada do caminho.

Seja o lugar de íntima comunhão e de paz convosco, em que, alimentados com o Corpo e o Sangue de vosso Filho, imbuídos do vosso Espírito, cresçam no amor.

Seja fonte da unidade da Igreja e de concórdia dos irmãos e irmãs; reunidos os fiéis junto dele, bebam o espírito da mútua caridade.

Seja o centro do nosso louvor e da ação de graças, até chegarmos jubilosos aos tabernáculos eternos, onde com Cristo, Sumo Pontífice e Altar vivo, vos oferecemos o perene sacrifício de louvor" (RITUAL DA DEDICAÇÃO DE IGREJA E ALTAR, 1984, n. 48).

Capítulo V

A dimensão maternal da Igreja

Cumprindo fielmente sua missão, antes de sua ascensão, Jesus nos deixa um mandato: "Ide, portanto, e fazei que todas as nações se tornem discípulos, batizando-as em nome do Pai, do Filho e do Espírito Santo e ensinando-as a observar tudo quanto vos ordenei" (Mt 29,19-20). O mandato do Senhor é assumido pela Igreja nascida na cruz, do sangue e água derramados de seu lado aberto sobre a humanidade: "Chegando a Jesus e vendo-o já morto, não lhe quebraram as pernas, mas um dos soldados transpassou-lhe o lado com a lança e imediatamente saiu sangue e água" (Jo 19,33).

Essa cena do Evangelho de João, que narra a ferida aberta do lado de Jesus, fez com que alguns Padres no início da Igreja, ao lerem e a interpretarem, a enxergassem com um grande simbolismo. Primeiramente, viram no sangue e água os dois sacramentos principais da Igreja: Eucaristia e Batismo. No prefácio da solenidade do Sagrado Coração de Jesus, é possível identificar este significado: "E de seu lado aberto pela lança fez jorrar, com a água e o sangue, os sacramentos da Igreja para que todos, atraídos ao seu Coração, pudessem beber, com alegria, na fonte salvadora" (MISSAL ROMANO, Prefácio, 1992, p. 383).

O Espírito Santo também foi derramado como grande presente do Cristo transpassado na cruz. O lado aberto de Cristo, morto na cruz, evoca a nossa imersão batismal na paixão e morte do Senhor. Do seio de Jesus, elevado e glorificado no mistério da morte e ressurreição, flui a água viva, símbolo do dom do Espírito Santo (cf. Jo 7,39). O Batismo confere aos fiéis o dom do Espírito Santo, torna-os seus portadores e templos. Ainda, os Santos Padres viram na água e no sangue que saíram do lado do Cristo a origem da Igreja, nascida do coração do Senhor na cruz. Os Padres da Igreja, recorrendo ao livro de Gênesis, fizeram uma analogia com a descrição da origem da mulher: como Eva nasceu do lado de Adão adormecido, assim a Igreja, a esposa de Cristo, nasceu do lado aberto do novo Adão quando dormia sobre a cruz.

O documento conciliar *Sacrosanctum Concílium*, no parágrafo 5, diz: "Pois, do lado de Cristo agonizante sobre a cruz, nasceu 'o admirável sacramento de toda a Igreja'". Ainda, o Catecismo da Igreja Católica (n. 766) nos ensina:

> ...a Igreja nasceu primeiramente do dom total de Cristo para a nossa salvação, antecipado na instituição da eucaristia e realizado na cruz. 'O começo e o crescimento da Igreja são significados pelo sangue e pela água que saíram do lado aberto de Jesus Crucificado [...] Da mesma forma que Eva foi formada do lado de Adão adormecido, assim a Igreja nasceu do coração transpassado de Cristo morto na cruz.

A Igreja, que nasceu do coração de Cristo aberto na cruz, torna-se presença do seu amor para todos nós. Sugiro inverter: Simbolizados pela água e pelo sangue, os sacramentos constroem a Igreja, pois é por eles que nos tornamos filhos adotivos do Pai e membros do Corpo de Cristo. A Igreja somos nós que, confiantes na misericórdia de Deus, nos colocamos ao seu serviço.

A Igreja nasce do coração de Deus e por Ele é criada como esposa de Cristo. Se Cristo é o novo Adão, o novo homem, e a Igreja é a nova Eva, consequentemente há uma relação esponsal também atestada pela Tradição da Igreja. A Igreja como esposa de Cristo é visivelmente encontrada na simbologia do rito do sacramento do Batismo.

O texto da oração da bênção da água batismal, após desenvolver uma rica catequese sobre a água e recordar a ação de Deus ao longo da história, diz:

> Olhai agora, ó Pai, a vossa Igreja, e fazei brotar para ela a água do Batismo. Que o Espírito Santo dê por esta água a graça de Cristo, a fim de que o homem e mulher, criados à vossa imagem, sejam lavados da antiga culpa pelo Batismo e renasçam pela água e pelo Espírito Santo para uma vida nova.
> Quem preside, se for oportuno, mergulha o círio pascal na água uma ou três vezes (ou apenas toca na água com a mão), dizendo:
> Nós vos pedimos, ó Pai, que por vosso Filho desça sobre esta água a força do Espírito Santo. (RICA, n. 215)

Pode-se observar, nesse trecho da oração, a dimensão maternal da Igreja. Esta que está reunida em oração (comunidade dos fiéis, dos já batizados), que vivenciou sua condição maternal levando em seu seio aqueles que serão batizados, ou seja, aqueles que foram gerados no tempo da catequese, da Iniciação à Vida Cristã, pedem a Deus que atue agora, ao abençoar a água da fonte batismal, para que possam exercer a sua maternidade. Neste sentido, recordamos o belíssimo simbolismo da Igreja na qualidade de esposa de Cristo. A Tradição enxergou a fonte batismal tal qual o útero da Mãe Igreja, como se pode ler em um escrito do século V, do batistério da Basílica de São João de Latrão, em Roma, atribuído ao Papa São Sisto III (432-440):

> Aqui nasce um povo de nobre estirpe destinado ao céu, que o Espírito gera nas águas fecundadas.
> A Mãe Igreja dá à luz na água, com um parto virginal, os que concebeu por obra do Espírito divino.
> Esperai o reino dos céus, os renascidos nesta fonte: a vida feliz não acolhe os nascidos uma só vez.
> Aqui está a fonte da vida, que lava toda a terra e que tem o seu princípio nas chagas de Cristo.
> Submerge-te, pecador, nesta corrente sagrada e purificadora, cujas ondas, a quem recebem envelhecido, devolverão renovado.
> Se queres ser inocente, lava-te nestas águas, tanto se te oprime o pecado herdado como o próprio.
> Nada separa já os que renasceram, feitos um por uma só fonte batismal, um só Espírito, uma só fé.
> A nenhum aterrorize o número ou a gravidade dos seus pecados: o que nasceu desta água viva será santo.

A simbologia de útero e esposa fica ainda mais visível ao observar a rubrica no corpo da oração, que diz: "quem preside, se for oportuno, mergulha o círio pascal na água uma ou três vezes" (RICA, n. 215).

O círio pascal, símbolo de Cristo, quando mergulhado, fecunda com Espírito as águas do útero da Mãe Igreja, sua esposa.

© Pe. Thiago Faccini Paro

Em algumas igrejas, encontramos a imagem da Virgem Maria ao lado da fonte batismal, a transmitir uma belíssima simbologia: Maria, o útero que gerou o Cristo, e a fonte batismal, o útero que gera o cristão. O mesmo Espírito que fecundou o seio de Maria agora fecunda o seio da Igreja. Recorremos ainda à oração de bênção do batistério, ou de uma nova fonte batismal, que diz:

> Enviai, Senhor, sobre esta água o sopro do vosso Espírito; a força divina pela qual a Virgem gerou o vosso Unigênito fecunde o seio da Igreja, vossa esposa, para que ela, ó Pai, gere para vós inúmeros filhos, e futuros habitantes do céu. Concedei, Senhor, aos nascituros desta fonte cumpram, por suas obras, o que com fé prometem, e manifestem em sua vida o que são por vossa graça [...] (RITUAL DE BÊNÇÃOS, 2013, p. 312)

Na oração de bênção da fonte, fica explícito o paralelo entre o Espírito que fecundou o seio de Maria ser o mesmo que fecunda o seio da Igreja, a esposa que gera o cristão.

Maria, o útero que gerou o Cristo, a Mãe de Deus e nossa, é também prefiguração da Igreja como **teófora** (portadora de Deus). Escolhida por Deus, na visita do arcanjo Gabriel, Maria escuta atentamente as suas palavras. Mesmo não sabendo como tudo aconteceria, confia no projeto de Deus e diz seu "**sim**". O anjo também lhe revela que sua prima Isabel, esposa de Zacarias, estéril e idosa, conceberia e daria à luz um filho: João Batista (cf. Lc 1,5-25). Maria, mais do que depressa, se coloca a caminho e vai ao encontro de Isabel.

A primeira interpretação que temos do texto da visitação de Maria à prima é a de que está disposta a ajudá-la nos afazeres domésticos. Porém, no momento em que Isabel necessitaria de sua ajuda, ou seja, quando finalmente deu à luz, Maria retorna, vai embora. Isso significa que a intenção dela não era simplesmente ajudar Isabel nas tarefas domésticas, pois qualquer um poderia fazer isso. Os próprios vizinhos poderiam auxiliá-la. O papel de Maria é muito maior.

Ao dizer o seu "sim", Maria torna-se *teófora*, ou seja, portadora de Deus. Ela vai ao encontro de sua prima, pois, diante das circunstâncias, estaria sem compreender todo o projeto de Deus na sua vida. Sua prima era estéril e agora estava grávida, era idosa e seu marido mudo (cf. Lc 1,5-25). Isabel, com certeza, precisava melhor entender esses últimos acontecimentos. Maria, então, ao ir ao seu encontro, torna-se resposta e ocasião de cura para Isabel. Ela se torna portadora da Boa Notícia, portadora de Deus, para a sua prima. A sua simples presença dá à Isabel todas as respostas de que necessita. Isso porque Maria carregava em seu seio o Filho de Deus, Jesus Cristo. Hoje também a Igreja é a portadora de Deus na vida de tantas pessoas que estão sofrendo, sem esperança.

A Igreja é, portanto, a esposa de Cristo que, no alto do monte, recebeu Dele o mandato de continuar sua obra: anunciar o Evangelho, tornando discípulas todas as nações através do Batismo, como visto no início deste capítulo no texto de Mateus (28,19-20). Anunciar o Evangelho é a dimensão catequética da Igreja, e o Batismo, a dimensão litúrgica, celebrativa. Assim, a Igreja ainda hoje cumpre com fidelidade a sua missão de esposa.

CAPÍTULO VI

Caminhar na fé entre altos e baixos

Neste capítulo, quero partilhar a vida de um grande homem: Pedro, nosso primeiro Papa, aquele que Deus escolheu para ser sinal de unidade de toda a Igreja após a ascensão de Jesus. Três textos bíblicos farão um resumo da trajetória de sua vida após o encontro com o Senhor, acompanhe.

> **O** primeiro texto sobre o qual meditaremos encontra-se em Lc 5,1-11, convido a lê-lo em sua Bíblia.

O texto narra que Simão (Pedro), Tiago e João, pescadores por profissão, trabalharam a noite toda sem nada pegar. Provavelmente cansados e frustrados pela esforçada noite em vão, encontravam-se à beira do lago e lavavam as redes para poderem ir descansar. E eis que, ao longe, surge uma multidão seguindo um homem, talvez desconhecido: Jesus, o Nazareno. Este para na frente deles e solicita o barco para, do alto, falar às multidões. Percebam que quem se aproximou de Simão e seus companheiros foi Jesus. Ele tomou a iniciativa de ir ao encontro deles. Imagino a cara de Simão e dos demais que, loucos para irem embora, tiveram de ficar esperando "aquele homem" terminar de falar e desocupar o barco. Pedro com certeza ficou ali, ouvindo contrariado... Porém, ficou e ouviu tudo o que o mestre ensinava.

Quando terminou de falar, Jesus disse a Simão: "Faze-te ao lago e lançai as redes para a pesca!". Simão disse: "Mestre, estivemos trabalhando a noite toda e nada pescamos, mas sob tua palavra lançarei as redes". Percebam que Simão expressa a sua decepção e cansaço de terem trabalhado a noite inteira e nada pescado. Mas não foi o pedido de Jesus, e sim sua **Palavra**, ou seja, o Evangelho e os ensinamentos ouvidos, que fez, com que Simão o identificasse como um homem dotado de sabedoria, diferente dos demais, um "Mestre". Sim, ele lançaria as redes. E assim o fez, e o texto narra que pegaram tamanha quantidade de peixes que as redes se rompiam.

Simão, ao ver isso, prostra-se diante de Jesus e não o chama mais de "Mestre", mas de "Senhor". Muito mais que sabedoria, aquele homem tinha poder. E Jesus, o que lhe diz? "Não tenhas medo! De agora em diante, serás pescador de gente" (Lc 5,10). E assim Simão obedeceu, largou tudo e seguiu Jesus. Passou ao menos três anos a segui-lo, ouviu suas palavras, partilhou a vida com Ele.

Porém, era chegada a hora de Jesus cumprir sua missão. Ele reúne seus discípulos e celebra a Páscoa em sua companhia. Então, anuncia que o seu fim está próximo e que, ainda naquela noite, um dos apóstolos o trairia. Simão é o primeiro a dizer que o defenderia e, se fosse preciso, daria a vida pelo Senhor (cf. Lc 22,33). Horas depois, Jesus é preso e levado para a casa do sumo sacerdote.

> Aqui convido você a ler o segundo texto de nossa reflexão: Lc 22,47-54.

Pedro é aquele que vai até o lugar onde Jesus é interrogado e mantido preso. Os que ali estão o reconhecem como um dos seguidores de Jesus e afirmam: "Tu também és um deles" (Lc 22,58). Por três vezes, Pedro nega ser um dos seus seguidores e o galo canta, cumprindo a profecia de Jesus. Neste momento, Jesus passa e o encara nos olhos. Pedro, então, se dá conta da sua covardia e chora...

Na Bíblia, o **número três** é simbólico, pois exprime totalidade – talvez por serem três as dimensões do tempo: passado, presente e futuro. Assim, as três vezes que Pedro negou Jesus representam todas as vezes que lhe foi infiel. O choro arrependido de Pedro foi por ter visto o olhar de Jesus, que em nenhum momento foi de recriminação ou decepção... Pelo contrário, foi o olhar afetuoso e amoroso, o mesmo de quando Jesus o chamou para segui-lo. Talvez Pedro esperasse um gesto de reprovação de Jesus, algo diferente de ser acolhido em sua misericórdia. Esse olhar faz com que Pedro se sinta arrependido e imediatamente perceba o seu erro, a sua miséria. O olhar de Jesus foi fundamental para a vida de Simão...

Aqui podemos parar e lembrar de que forma Deus nos chamou a segui-lo. Qual foi a nossa resposta?

Podemos também recordar as inúmeras vezes que o negamos e nos distanciamos de Deus. Dizemos que Deus é tudo para nós, que está sempre em primeiro lugar em nossas vidas, porém, na prática, nem sempre é assim. Nós o trocamos pelo trabalho, pelo cansaço, pelas festas, pelo futebol, pela novela, pelo dinheiro... Diante de inúmeras atitudes é preciso refletir, analisar e se arrepender.

Assim, desde que nos arrependamos e nos entreguemos aos braços amorosos de Deus, Ele nos acolherá e nos dará uma nova chance. Por isso, somos convidados todos os dias a fazermos um exame de consciência, observando o que não foi tão bom e o que poderíamos fazer melhor. E no outro dia, ao acordarmos e virmos aquele sol bonito brilhando, teremos a certeza de que Deus está nos dando uma nova chance para recomeçarmos. Sempre podemos ser melhores, se acreditarmos e confiarmos na misericórdia de Deus. A exemplo de Pedro, Deus também nos dá inúmeras oportunidades... Vem ao nosso encontro, nos chama, nos encara nos olhos...

Enfim, Jesus é julgado e condenado à morte de cruz. É morto, sepultado e se passam três dias. Os discípulos retornam às suas vidas, voltam a fazer o que sabiam.

Simão Pedro, Tomé, Natanael e outros discípulos saem para pescar. Mais uma vez, voltam ao amanhecer sem nada terem pegado. Aqui podemos recordar a primeira passagem do Evangelho que meditamos, na qual Pedro é chamado a ser pescador de homens, pois naquela noite também voltaram sem nenhum peixe (cf. Lc 5,1-11). Ao se aproximarem da margem, desta vez, deparam-se com Jesus a lhes pedir algo para comer. Contudo, não o reconhecem. Como nada pegaram naquela noite, Jesus os manda lançar a rede à direita do barco e, com isso, apanham tamanha quantidade de peixes que quase não conseguem puxá-la. O Discípulo Amado, que se acredita ser João, então reconhece o Senhor. Simão Pedro, ao ouvir isso, imediatamente veste a roupa e se lança ao mar para ir ao encontro de Jesus. E inicia-se, assim, mais um diálogo entre Jesus e Pedro que mudará completamente a sua vida.

> **Tomemos, portanto, o último texto dessa reflexão: Jo 21,15-19.**

Após terem dado a bênção sobre os alimentos e comerem, Jesus pergunta a Pedro: "Simão, filho de João, tu me amas mais do que estes?" (Jo 21,15). Pedro responde "sim". Porém, para entendermos este diálogo de Jesus com Pedro, é preciso recorrer aos textos originais e identificar de que "amor" estão falando. Em grego, existem três palavras que designam o "amor", porém cada uma possui um sentido diferente: *eros*, *philia* e *agape*.

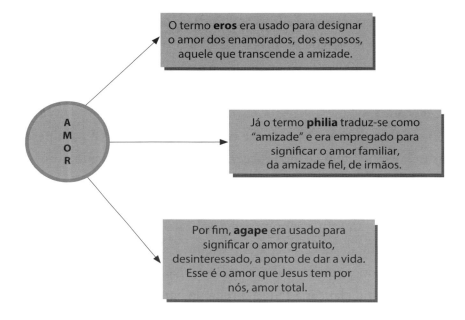

Sendo assim, precisamos reler o diálogo entre Jesus e Pedro para empregar estes termos e melhor compreendê-lo. Quando Jesus pergunta para Pedro se o ama, Ele usa o termo *agape*, querendo saber se Pedro é capaz de amá-lo com todo o seu coração, a ponto de dar a vida por Ele, de forma profunda e incondicional. Pedro responde com a expressão *philia*, ou seja, Pedro o amava como amigo, não a ponto de dar sua vida. A resposta de Pedro é sincera, pois reconheceu a sua fragilidade ao negar Jesus e agora não mais promete o que não pode cumprir.

E assim acontece com as duas primeiras perguntas de Jesus, e com as duas respostas de Pedro: "Pedro, tu me **agape**?", "Senhor tu sabes que eu te **philia**".

Algo surpreendente acorre, no entanto, na terceira vez que Jesus pergunta a Pedro se o ama. Agora, Jesus usa o termo *philia*: "Pedro, tu me **philia**?". A pergunta de Jesus, empregando a expressão *philia*, significa que aceita o amor de amizade de Pedro, limitado pela fragilidade humana, pois era tudo o que Pedro tinha a lhe oferecer. A resposta à terceira pergunta de Jesus é a mesma: "Senhor, tu sabes que eu te **philia**". É o reconhecimento de um amor imperfeito, que necessita da graça e da misericórdia de Deus para ser transformado em *agape*. A resposta de Pedro é a sua profissão de fé em acreditar que Deus pode mudar a sua vida.

As três perguntas de Jesus nos recordam as três vezes que Pedro o negou. Entre os dois acontecimentos encontramos um homem (Pedro) que amadureceu e aprendeu a reconhecer suas limitações, e que sabe não poder ser fiel a Deus sem a ajuda de Cristo.

Jesus convida Pedro a pastorear o seu rebanho, sendo o primeiro Papa da Igreja, e conclui dizendo que hoje Pedro "escolhe" ter uma relação apenas de amizade com o Mestre, mas que, à medida que se deixar conduzir pela Palavra, esta exigirá uma resposta maior e o conduzirá a entregar a vida pelo Senhor. Assim, à medida que os laços entre Pedro e Jesus se estreitarem, à medida que tiverem cada vez mais intimidade, o amor de Pedro se transformará em *agape*.

A Tradição da Igreja testemunha a transformação total da *philia* em *agape* na vida de Pedro. Ainda, diz-nos que Pedro, o primeiro Papa, morreu crucificado de cabeça para baixo a seu pedido, pois não era digno de ter a mesma morte do seu Senhor. A biografia de Pedro é testemunha e prova de que, quando nos abrimos e deixamos Deus nos conduzir, Ele transforma nossas vidas.

O bonito desta passagem do Evangelho é entender que Jesus aceita o amor imperfeito de Pedro e, consequentemente, o amor de todos nós. Mais do que isso, Jesus nos confia a missão de levar adiante o anúncio da Boa Nova e a edificação do Reino de Deus. Somos chamados a ser seus colaboradores. Jesus, portanto, nos escolhe não pelas nossas qualidades, mas pela disponibilidade que temos em servi-lo, em confiar no seu amor e deixar-se transformar por ele.

A palavra "Papa" provém de um termo grego que significa "pai" ou "papai", em sentido familiar e carinhoso. O Papa, nesse sentido, é o "pai" responsável por conduzir toda a Igreja e ser sinal de sua unidade. Os Papas que vieram depois de São Pedro são seus sucessores. O Papa é o Bispo de Roma e o chefe supremo da Igreja Católica, sendo chamado também de "o Sumo Pontífice" ou "o Santo Padre".

A vida cristã envolve aprendizado contínuo. É a graça de Deus, através do Espírito Santo, que agirá em nossos corações a cada dia e que nos transformará até atingirmos o ideal que Deus quer para as nossas vidas: o amor *agape* em nossos corações. Isso só será possível se buscarmos a Deus através da diária oração sincera e do estudo humilde da Sagrada Escritura, deixando que o Espírito Santo faça sua obra em nós.

Capítulo VII

A vida sem fim

Uma das coisas mais complexas e difíceis de compreender é a morte. Por mais que nos digam não ser o fim, e sim uma nova vida junto a Deus, demoramos a aceitá-la e entendê-la... Isso quando não nos revoltamos com a dor da ausência e da perda.

> # M as o que é a morte para nós, cristãos? O que é a vida sem fim, a ressurreição dos mortos?

Padre César Luzio, pároco da Catedral de Barretos, interior de São Paulo (†2000), poucos dias antes de sua morte, deixou impresso, em um pedaço de papel de pão, uma frase que nos ajudará a entender a fé diante da morte: "A morte não é um fim de jornada. É apenas a noite que antecede o amanhecer da ressurreição. Quando eu nasci, todos sorriam, só eu chorava; quando morri, todos choravam, só eu sorria...". As suas palavras fazem uma analogia da morte com o nascimento de uma criança. O bebê passa algum tempo no ventre materno e, depois de alguns meses, acontece o parto. O que é um parto? Vem de *partir*... Sair de um lugar e ir a outro. A criança sai do útero materno e vem à vida. Algumas, um pouco mais apressadas, nascem prematuramente, outras completam o ciclo de nove meses. Mas, depois disso, não têm mais como segurar, é preciso partir, nascer...

Ao nascer, mesmo sem total entendimento, a criança chora por sair do conforto e da segurança do útero materno... Ali era o seu "mundo". Ao contrário, toda família que aguarda do lado de fora se alegra com a nova vida que surge, que nasce. Assim também a permanência nesse mundo se dá por um período. Alguns ficam um pouco mais, outros, um pouco menos. Mas, quando estamos prontos, gerados, surge a necessidade de um novo parto, um novo nascimento. Então nos acontece o contrário: há a alegria daquele que se encontra com Deus e há a dor da perda dos que permanecem nesta vida. A morte, neste sentido, não é um fim, e sim um novo nascimento. A morte torna-se o parto para uma nova vida, agora não mais passageira, mas eterna junto ao Criador.

Do mesmo modo, a concepção cristã da "morte se torna compreensível através da analogia da metamorfose de uma lagarta que se transforma em borboleta. O que a lagarta nela experimenta é uma morte. Entretanto, sua morte não significa fim, mas transformação, através da qual aparece um ser qualitativamente novo, a borboleta" (BLANK, 2000, p. 138).

A morte, então, não é o fim, mas o início de uma vida em plenitude. A lagarta representa nossa vida terrena, nem sempre bonita, muitas vezes imperfeita por causa do pecado e de nossas limitações... Mas, no tempo oportuno, a lagarta para e cria um casulo. Dali, sai a borboleta. Se compararmos o DNA da lagarta e o DNA da borboleta, veremos que se trata do mesmo animal. É o que também acontece conosco: o casulo representa nosso corpo, que será sepultado, sinal de nossa peregrinação neste mundo, e a borboleta representa nosso corpo glorioso que, lavado e alvejado em Cristo, recebe o Reino dos Céus como herança.

A borboleta, um ser agora colorido, bonito e com o dom de voar, é símbolo da nova vida, liberta da corrupção do pecado e da morte eterna. É a comunhão dos Santos, junto de Deus, no Reino que Ele preparou para cada um de nós.

A permanência neste mundo, como dizia Rubem Alves (1996, p.154-155), é uma canção ou um poema que precisa terminar:

> A morte é o último acorde que diz: está completo. Tudo o que se completa deseja morrer. [...] o poema [...] tinha de morrer para que fosse perfeito, para que fosse belo e para que eu tivesse saudades dele, depois do seu fim. [...] depois da morte do poema viria o silêncio, o vazio. Nasceria então uma outra coisa em seu lugar: a SAUDADE. A saudade só floresce na ausência. [...] até o beijo... Que amante suportaria um beijo que não terminasse nunca?

Tudo o que é bom precisa ter um fim para dar lugar à saudade e à esperança.

É preciso entender, ainda neste contexto, o que é a ressurreição e qual sua diferença com relação à reencarnação. De maneira simples, vamos tentar compreender: Deus tem um projeto para cada um de nós, e esse projeto comporta uma vida sem fim. Porém, por causa do pecado que gera morte, não conseguimos cumprir esse projeto, morremos antes.

Os que defendem a reencarnação acreditam que, ao morrermos, vamos para um lugar e depois reencarnamos, nascemos de novo, para que através das boas obras nos purifiquemos, nos tornemos melhores, a ponto de alcançar a plenitude da vida que Deus tem para nós. Assim, esse movimento se repete inúmeras vezes, até que consigamos atingir o ápice e nos tornemos "um ser de luz".

Na visão do Espiritismo, por exemplo, que prega a reencarnação, Jesus era um homem que atingiu esse ápice e tornou-se um ser de luz. Diante disso, nessa visão, o homem se salva através de suas boas obras, se salva "sozinho", por si mesmo. E Jesus não é Deus, é apenas um exemplo, um modelo a ser seguido. Mas, é claro, esta visão é completamente diferente da nossa enquanto cristãos.

Nós, cristãos, acreditamos, sim, que Deus tem um projeto de vida plena para cada um de nós, mas, por causa do pecado, não conseguimos viver esse projeto e morremos antes. Porém, com a morte de Jesus na cruz e com sua ressurreição, Ele assume nossos pecados e nós assumimos a sua pureza. Com isso, o que falta para atingirmos a plenitude, Jesus completa em nós. Portanto, a nossa salvação é graça total de Deus, não é mérito nosso, mas Dele. Por isso, dizemos que Jesus é o nosso salvador. Por isso, não precisamos voltar e recomeçar tudo de novo. Com nossa morte, ou melhor, com nosso novo nascimento, nossa passagem, nossa **páscoa** na Páscoa de Cristo, alcançamos a plenitude: o Reino de Deus, preparado por Ele desde toda a eternidade para cada um de nós. E, junto Dele, formamos a Igreja triunfante!

Como é difícil encarar a única certeza da vida. A busca pelo rejuvenescimento, a luta incessante por manter a vida biológica preservada a qualquer preço, a revolta, a não aceitação da morte... têm causado uma enorme frustração à humanidade. É preciso reaprender a sabedoria do autor sagrado: "Para todas as coisas há um momento certo. Existe o tempo de nascer e o tempo de morrer" (Ecl 3,1-2). São Francisco chama a morte de "irmã morte", pois sabia que somente através dela veria Deus face a face. Só assim gozaria da vida sem fim, da plenitude do projeto que Deus tem para cada um de nós.

Que a permanência nesse mundo seja um tempo *kairótico*, um tempo oportuno para o encontro com Deus. Que, celebrando a Páscoa de Cristo, possamos nos preparar para a nossa Páscoa. "De domingo a domingo, de Páscoa em Páscoa, até a Páscoa definitiva".

CONCLUSÃO

Nessas poucas páginas, de uma maneira livre e simples, buscamos transmitir alguns conceitos essenciais para a vivência da nossa fé, pois muitas vezes ficamos preocupados com coisas tão pequenas, que deixamos de ver a grandeza da ação de Deus em nossas vidas.

Concluindo nossa reflexão, recordo a história de uma das inúmeras "Marias" que foram tocadas por Jesus e por Ele foram salvas: no primeiro dia da semana, o domingo, dia em que Jesus ressuscitou, Maria Madalena foi até o sepulcro bem de madrugada e encontrou a pedra do túmulo removida. O sepulcro estava vazio. Correu ao encontro dos discípulos e contou-lhes o que viu. Estes foram até o lugar, constataram a mesma coisa e voltaram para casa... Maria Madalena, porém, permaneceu ali, do lado de fora do sepulcro, chorando.

> Enquanto chorava, inclinou-se para o sepulcro e viu dois anjos vestidos de branco, sentados no lugar onde estivera o corpo de Jesus, um à cabeceira e outro aos pés. Eles perguntaram: 'Mulher, por que choras?' Ela respondeu: 'Porque levaram o Senhor e não sei onde o puseram'. Depois de dizer isso, ela virou-se para trás e viu Jesus que ali estava, mas não o reconheceu. Jesus perguntou-lhe: 'Mulher, por que choras? A quem procuras?' Crendo que era o jardineiro, ela disse: 'Senhor, se fosse tu que o levaste, dize-me onde o puseste e eu irei buscá-lo'. Respondeu Jesus: 'Maria'. Ela virou-se e disse em hebraico: 'Rabuni' – que quer dizer Mestre. Jesus disse: 'Não me retenhas porque ainda não subi ao Pai. Vai aos meus irmãos e dize-lhes: Subo para meu Pai e vosso Pai, meu Deus e vosso Deus'. Maria Madalena foi anunciar aos discípulos que tinha visto o Senhor. (Jo 20,11b-18)

Somos também uma das inúmeras "Marias" que Jesus, tomando a iniciativa, chamou para o seu seguimento. Na sua infinita misericórdia, Ele nos olhou, tocou e chamou pelo nome. A exemplo de Maria Madalena, às vezes não percebemos isso... Ficamos chorando, encarando os nossos problemas, dificuldades, limitações. Ficamos procurando o "corpo" daquele que está vivo ao nosso lado. A preocupação em resolver as coisas nos faz ficar cegos e não reconhecer a ação de Deus nas pequenas coisas do nosso dia a dia. Cega-nos e não nos permite reconhecer o Senhor que está à nossa frente, indicando-nos o caminho da cruz tão necessária para alcançar a ressurreição...

Jesus, porém, no seu infinito amor e misericórdia, nos chama e nos escolhe... Está ao nosso lado, caminha conosco, respeita nosso "tempo" e nossos limites. E, quando não há mais esperança, quando não vemos mais saída, Ele nos chama pelo **nome**. Nós o reconhecemos, enchemo-nos de alegria, a ponto de querer agarrá-lo, de pular no seu pescoço. Mas Ele nos adverte: "Não me retenhas porque ainda não subi ao Pai. Vai aos meus irmãos e dize-lhes: Subo para meu Pai e vosso Pai, meu Deus e vosso Deus" (cf. Jo 20,11b-18). Ele diz que nosso caminhar deve prosseguir, que ainda virão dias difíceis, mas nós nada devemos temer, apenas sair, correr e testemunhar, anunciar a sua presença em nossas vidas.

Hoje somos chamados a ser discípulos missionários do Senhor, testemunhando nossa fé e anunciando o Evangelho, a Boa Notícia do Reino que não tem fim. Que o Espírito Santo, por Ele derramado sobre nós, nos ajude a viver como bons cristãos.

Referências

ALVES, R. **Sobre o tempo e a eternidade**. São Paulo: Papiros, 1996.

BLANK, R. J. **Escatologia da pessoa**. São Paulo: Paulus, 2000.

BÍBLIA **Sagrada**. Edição da Família. 51. ed. Petrópolis: Vozes, 2012.

CATECISMO **da Igreja Católica**. Petrópolis; São Paulo: Vozes; Loyola, 1993.

CONCÍLIO ECUMÊNICO VATICANO II. Constituição "Sacrosanctum Concilium" sobre a sagrada liturgia. In: **Documentos do Concílio Ecumênico Vaticano II (1962-1965).** 3. ed. São Paulo: Paulus, 2014.

CONGREGAÇÃO DO CULTO DIVINO E DISCIPLINA DOS SACRAMENTOS. **Liturgia das Horas**. Petrópolis: Vozes, 1995. (v. II)

DIDAQUÉ: **Catecismo dos primeiros cristãos**. Petrópolis: Vozes, 1970.

GIRAUDO, C. **Num só corpo**: tratado mistagógico sobre a Eucaristia. São Paulo: Loyola, 2003.

NOSENTTI, A.; CIBERIEN, C. (Org.). Pequeno vocabulário litúrgico. In: SARTORE, D.; TRIACCA, A. M. (Org.). **Dicionário de Liturgia**. São Paulo: Paulus, 1992.

SAGRADA CONGREGAÇÃO PARA O CULTO DIVINO. Instrução geral sobre o Missal Romano (IGMR). In: _____. **Missal Romano**. Tradução portuguesa da 2ª edição típica para o Brasil, realizada e publicada pela Conferência Nacional dos Bispos do Brasil com acréscimos.

_____. **Missal Romano**. São Paulo: Paulus,1992.

_____. **Ritual de Bênçãos**. 9. ed. São Paulo: Paulus, 2013.

_____. **Ritual de Iniciação Cristã de Adultos**. Tradução portuguesa para o Brasil da edição típica. São Paulo: Paulus, 2001.

_____. **Ritual da Dedicação de Igreja e Altar**. São Paulo: Paulinas, 1984.

ZILLES, U. **Didaqué**. Petrópolis: Vozes, 1970.

Conecte-se conosco:

 facebook.com/editoravozes

 @editoravozes

 @editora_vozes

 youtube.com/editoravozes

 +55 24 2233-9033

www.vozes.com.br

Conheça nossas lojas:

www.livrariavozes.com.br

Belo Horizonte – Brasília – Campinas – Cuiabá – Curitiba
Fortaleza – Juiz de Fora – Petrópolis – Recife – São Paulo

  Vozes de Bolso

EDITORA VOZES LTDA.
Rua Frei Luís, 100 – Centro – Cep 25689-900 – Petrópolis, RJ
Tel.: (24) 2233-9000 – E-mail: vendas@vozes.com.br